www.lenos.ch

Karel Čapek

Briefe aus Italien

Aus dem Tschechischen
von Erika Sangerberg

Bearbeitet von Christoph Blum

Lenos Verlag

Titel der tschechischen Originalausgabe:
Italské listy
erschienen 1923 in der Edice Aventinum, Prag

Die deutsche Erstausgabe erschien unter dem Titel
Was mir in Italien gefiel und nicht gefiel
1961 im Gebrüder Weiss Verlag, Berlin-Schöneberg.

LP 241
Erste Auflage 2024

Satz und Gestaltung: Lenos Verlag, Basel
Umschlagillustration: Karel Čapek
Printed in Germany
ISBN 978 3 85787 841 1

Inhalt

Zur Einleitung

Bevor ich abfuhr, schickten mir gute Freunde dicke Bände über die italienische Geschichte, das alte Rom, die Kunst überhaupt und über andere Dinge, mit dem eindringlichen Rat, das alles durchzulesen. Zum Unglück tat ich es nicht; die Folge meiner Nachlässigkeit ist dieses Büchlein.

Man tut gewöhnlich etwas anderes, als man will. Ich wollte überhaupt nicht reisen, und trotzdem bin ich wie ein Irrer umhergereist, mit allen denkbaren Vehikeln und am meisten zu Fuss, und als ich am Afrikanischen Meer* stand, wollte ich auch nach Afrika fahren; nichts wollte ich schreiben, und doch habe ich dieses ganze Büchlein vollgeschrieben, dazu schreibe ich noch ein Vorwort, in dem ich schnell alles notieren möchte, was ich im folgenden leider vergessen habe: über die florentinische Baukunst zum Beispiel, über die verschiedenen Weinsorten und die mannigfachen Arten, die Rebe zu binden, hauptsächlich aber über den Wein von Orvieto, über Tintoretto, über die Vorstädte, die ich aus besonderem Interesse überall durchstreift habe, wo ich auch war, über die Tempel von Paestum, die von weitem wie Trockenhallen aussehen, aus der Nähe aber dorisch sind, über die Schönheit der Römerinnen, die gleichfalls sehr kräftige und mächtige Figuren haben, über die Nachtigallen in Fara in Sabina, über die Besonderheiten des

* Anmerkungen zu ausgewählten Namen und Begriffen ab Seite 99

Eselsgeschreis, über Bonannos und Barisanos Türen in Monreale und über eine grosse Menge anderer Dinge und Erscheinungen; nun aber ist es zu spät, all dessen zu gedenken.

So wanderte ich nicht nur ohne jederlei nützliche Kenntnisse, sondern auch ohne Plan; ich bahnte mir den Weg mit dem Finger auf der Landkarte, oft nur verleitet von einem hübschen Namen oder davon, dass in die betreffende Richtung der Zug erst um zehn Uhr vormittags abfuhr und ich also nicht früh aufzustehen brauchte; da sich jedoch nach Hegel der absolute Geist im Laufe der Welt verwirklicht, führten mich diese Zufälle und Launen durch eine wunderbare Fügung an fast alle Orte, die man im gesegneten Italien »sehen muss«.

Doch auf dieser Welt soll man alles sehen; alles ist des Anschauens wert, jede Gasse und jeder Mensch, alles Armselige und Berühmte. Nichts gibt es, was nicht Interesse und Anblick verdiente. Gern trieb ich mich in Gegenden herum, in denen der *Baedeker* keine Sehenswürdigkeit mit * auszeichnet, und ich habe nicht einen einzigen Schritt bereut, überall, wo es nur ging, bin ich hineingekrochen, und sei es braven Leuten in den Korridor; manchmal schaute ich auf die berühmtesten Denkmäler, manchmal nur auf die Kinder, alte Grossmütter, auf menschliche Not und Freude, auf die Tiere oder den Leuten in die Fenster. Als ich aber aufschreiben wollte, was ich gesehen hatte, da scheute ich mich ein wenig, von so unscheinbaren Dingen zu erzählen, oder tat ich es aus Eitelkeit oder persönlicher Manie – kurzum, zu guter Letzt schrieb ich hauptsächlich nur über die verschiedenen berühmten Erinnerungsstätten. Deshalb setze ich nun zur Einleitung eine

Warnung

an alle, die dieses Büchlein lesen werden, damit sie es weder für einen Führer noch für eine Reisebeschreibung oder einen Cicerone halten, sondern für was immer sie wollen; damit sie sich, wenn sie selbst irgendwohin reisen, ausser auf den Fahrplan nur auf ihren guten Stern verlassen, der alle Reisenden begleitet und ihnen mehr zeigt, als überhaupt geschrieben und erzählt werden kann.

Venedig

I

Wenn das, was folgt, ein wenig verworren und unübersichtlich wird, kann ich nichts dafür; denn ich selbst habe nicht ins reine gebracht, was ich sah. Es ist ein bisschen viel; in Ordnung bringe ich es erst nachträglich, und zwar indem ich alles wieder vergesse; aber jetzt kann ich es nur einigermassen in zwei Fächer einordnen, unter zwei summarische Titel: was mir gefiel und was mir nicht gefiel.

I. *Was gefiel mir nicht?* 1. Zunächst einmal die Tschechoslowakei, denn deren Grenzbeamte nahmen mir mein Akkreditiv an die italienische Bank weg und stellten mich freundlicherweise vor die Wahl, entweder nach Hause zurückzukehren oder ohne Geld nach Italien zu fahren. Ich bin ein Dickkopf; so bin ich auf gut Glück ohne Akkreditiv weitergefahren und habe die Republik, das alte Österreich und den kahlköpfigen Herrn an der Grenze verflucht. 2. Ausserdem gefiel mir Wien nicht, denn für ein Abendessen, sagen wir, dreissigtausend zu bezahlen ist mathematisch gesehen dumm; ansonsten ist es eine tote Stadt, und die Menschen sind einigermassen bedrückt. 3. Die fürchterliche Menge Touristen hier in Venedig. Die Deutschen tragen grösstenteils Rucksäcke oder Lodenbekleidung, die Engländer Fotoapparate, die Amerikaner erkennt man an ihren Schultern und die Tschechen daran, dass sie fast wie die Deutschen aussehen und auffallend laut reden, vielleicht deshalb, weil bei uns die Luft dünner ist. 4. San Marco. Das ist keine Architektur, das ist ein Orchestrion; man sucht den Schlitz, wo man die Münze einwirft, damit die ganze Maschinerie mit *O Venezia* loslegt. Den Schlitz habe ich nicht gefunden, infolgedessen spielte das Orchestrion nicht. 5. Die Frischvermählten überhaupt, ohne Angabe von Gründen. 6. Die Venezianerinnen, denn es sind Russinnen. Eine, schwarz wie der Teufel, aaläugig, in einem traditionellen Tuch mit Fransen bis zu den Ellenbogen und einem Kamm im Haarknoten, der reinste venezianische Typ, den ich gerade noch bewundert hatte, sagte zu ihrem Kavalier: *»Da, da, jasnyi moi«;* und ich war um eine Illusion ärmer. – Mindestens ein Dutzend Dinge könnte ich aufzählen, die mir nicht gefielen, aber ich eile lieber – von Freude beflügelt – zu dem,

II. *was mir gefiel.* 1. Vor allem und vielleicht am meisten der Schlafwagen, eine herrliche Schlafmaschine voll hübscher Messinghebel, Drücker, Knöpfe, Schalter, Klinken und sonstiger Apparate. Wenn man darauf drückt oder daran zieht, gibt es gleich irgendeinen Schlafkomfort, eine Erfindung oder eine Errungenschaft. Die ganze Nacht vergnügte ich mich damit, an allem herumzufingern, zu drücken oder zu ziehen; manchmal, bei gewissen Kleiderhaken zum Beispiel, ergebnislos, offenbar infolge meiner Ungeschicklichkeit. Vielleicht kann man damit paradiesische Träume oder sonst etwas hervorrufen. 2. Die italienischen Gendarmen gleich von der Grenze an. Sie gehen immer zu zweit, an der Krempe haben sie eine flammende Bombe aufgestickt und auf den Köpfen Schiffe, wie sie früher die Gymnasialprofessoren trugen, nur haben sie sie quer aufgesetzt. Sie sind über alle Massen sympathisch und lächerlich, und sie erinnern mich immerfort – ich weiss nicht, warum – an die Gebrüder Čapek. 3. Die venezianischen Gässchen, wenn es keine Kanäle oder Paläste darin gibt. Sie verlaufen so kompliziert, dass sie bis heute noch nicht alle erforscht sind; manche hat vielleicht noch nie eines Menschen Fuss betreten. Die besseren sind einen ganzen Meter breit und so lang, dass in ihnen eine Katze selbst mit Schwanz Platz hat. Es ist ein Labyrinth, in dem vollends die Vergangenheit umherirrt und nirgends hinauskann. Ich, der ich mich meines Orientierungssinns rühme, wanderte gestern zwei Stunden lang im Kreise herum. Vom Markusplatz ging ich zum Rialto, das sind gut zehn Minuten; nach zwei Stunden landete ich endlich wieder auf dem Markusplatz. Diese venezianischen Gassen erinnern mich lebhaft an den Orient, vermutlich deshalb, weil ich niemals im Orient gewesen bin, oder an das Mittelalter, ungefähr aus dem gleichen Grunde. Doch auf Carpaccios Bildern sieht Venedig haargenau wie heute aus, nur ohne Touristen. 4. Überaus angenehm ist es, dass es hier nicht ein einziges Auto gibt, nicht einmal ein Fahrrad oder eine Droschke, ein Fuhrwerk oder einen Leiterwagen, dafür aber 5. sehr viele Katzen, mehr als Tauben beim heiligen Markus, riesige, geheimnisvolle, helläugige Katzen, die aus den Hauseingängen ironisch auf die Touristen blicken und des Nachts in einem merkwürdigen Alt heulen. 6. Hübsch sind die königlich italienischen Matrosen, kleine blaue Buben, und hübsch sind die Kriegsschiffe, überhaupt die Schiffe: Segelschiffe, Dampfer, Barken mit safrangelben Segeln, graue Torpedoboote mit schönen Kanonen, stämmige Transporter; jedes Schiff ist schön und verdient einen weiblichen Namen. Deshalb wollte ich vielleicht auch als Junge Matrose werden, und erst heute auf dem Lido verfolgte ich ein schwindendes weisses Segelboot, das irgendwohin gen Osten fuhr, und diese weissen Segel lockten mich weit weg, unendlich mehr als dieses weisse Papier, auf dem ich ohnehin kein Neuland entdecke.

II

Ich möchte nicht viel über Venedig schreiben; ich glaube, jeder kennt es. Es ist tatsächlich sämtlichen *souvenirs de Venise* störend ähnlich; als ich zum erstenmal auf dem Markusplatz stand, war ich völlig verwirrt und konnte mich lange nicht von dem beklemmenden Eindruck befreien, dass all dies gar nicht wirklich, dass es ein Lunapark sei, in dem *Eine Nacht in Venedig* gegeben werden sollte. Ich wartete nur darauf, dass Gitarren zu girren anfingen und der Gondoliere sänge wie Herr Schütz. Aber zum Glück schwieg der Gondoliere geheimnisvoll und nahm mich schliesslich auf unchristliche Art aus, indem er mir mit irgendeinem Tarif vor den Augen herumfuchtelte. Nun, dieser Mann war unbestreitbar echt und ungeschminkt.

Dafür wird euch vielleicht der Canal Grande enttäuschen. Manche Leute fabeln von der Pracht seiner Paläste und andere wieder von deren melancholischem Sterben; ich fand hier hauptsächlich eine recht schlechte Gotik, die den venezianischen Nobiles nur das berühmte »steinerne Spitzenwerk« gebracht hat, mit dem sie ihre Fassaden wie mit einem Vorhemdchen bekleideten. Leider fehlt mir der Sinn für diese architektonische Posamenterie und diese ganze Trödelbude Alt-Venedig. Hierher ist dauernd etwas eingeführt worden: griechische Säulen, Zimt aus dem Orient, Perserteppiche, byzantinische Einflüsse, Brokat, Gotik, Renaissance; alles kam den Händlern recht, wenn es nur prunkvoll war. Schaut euch doch diese venezianische Renaissance an, die mir nichts, dir nichts gleich mit der korinthischen Ordnung beginnt, mit Balustraden, Marmorbalkons und dieser ganzen pompösen Stukkatur. Hier hat man sich nichts ausgedacht, abgesehen von der offenen Loggia in der Mitte der Vorderfront, was zwar hübsch ist, jedoch für eine gute Architektur recht wenig. Ein einziges Talent hat Venedig, und das ist, barock zu werden. Sein Orientalismus, seine dekorative Gotik, seine schwere Renaissance, das alles bestimmte es von vornherein dazu, die barockste Stadt unseres Planeten zu werden; aber als das eigentliche Barock kam, lag Venedig bereits mit dem Kinn nach oben, wenn ich mich nicht in der Geschichte täusche.

Jetzt weiss ich auch, warum ich über die Schönheit Venedigs so herfalle. Venedig legt nur Wert auf Kirchen und Paläste; das Haus des einfachen Mannes sieht nach rein gar nichts aus. Kahl, eng und dunkel, nicht einmal durch ein Gesims, ein Portälchen oder Säulchen gegliedert, stinkend wie ein faulender Zahn, malerisch nur durch sein kaninchenhaftes Zusammenkauern, erhebt es aber auch nicht den mindesten Anspruch auf Schönheit; ihr werdet euch auf euren Wanderungen niemals erfreuen am hübschen Profil eines Gesimses oder eines eingerahmten Hauseingangs, der euch willkommen zu heissen scheint; das Haus ist arm, dabei aber ohne alle Tugend. Nein, diese hundert oder zweihundert Paläste, das ist nicht Kultur, das ist nur Reichtum; das ist nicht Leben in Schönheit, das ist Prunksucht. Und sagt mir nicht, der ungeheure Platzmangel sei daran schuld; nur die ungeheure Gleichgültigkeit ist der Grund. Noch heute ist die Luft Venedigs träge und gewissermassen demoralisierend, denn sie regt zum Träumen und Gaffen an.

Gewiss, das alles *hat* seinen Zauber; ihr streicht durch die Gassen wie im Traum; die Kanäle plätschern, am Markusplatz spielt eine Kapelle, zwanzigerlei Sprachen verschmelzen in ein unendliches Brausen; und es ist euch, als hättet ihr Watte in den Ohren oder als umhüllte euch eine täuschende Unwirklichkeit. Einmal steigt ihr am Lido aus; plötzlich rasselt euch die Glocke einer kleinen Strassenbahn ins Ohr, ein Fahrrad klingelt, Hufe klappern, und der Zauber ist gebrochen: Mein Gott, in ganz Venedig gibt es nicht ein einziges lebendiges Pferd! Wirklich, der grösste Zauber Venedigs liegt in seinem Geruch und seinem Lärm: dem schweren Gestank der Lagunen und dem verworrenen Brausen menschlicher Stimmen.

Padua, Ferrara

Zeichnet sich Venedig am nachdrücklichsten durch Kanäle, Gondeln und Touristen aus, so sind für Padua die Laubengänge und Fahrräder, für Ferrara die Fahrräder, Ziegelpaläste und der romanische Stil charakteristisch. Die Fahrräder lasse ich beiseite; ich hoffe, dass auch sie mich in Frieden lassen. Was Padua betrifft, so müsst ihr wissen, dass es einer grossen Gnade, einem Geschenk Gottes und einer traumhaften Freude gleichkommt, eines Morgens die herrlichsten Werke Giottos, Mantegnas und Donatellos zu sehen. Es ist nur ein kleines, kahles Kirchlein, diese Santa Maria dell'Arena; doch Giotto hat es innen von Kopf bis Fuss bemalt, kein Plätzchen liess er aus, und er füllte es bis oben hin mit der prächtigen, einfachen Logik eines Malers und Christen, denn Giotto war ein durch und durch vernünftiger, andächtiger und klarer Geist. Und Mantegna, der stählerne Zeichner, hart, scharf, ich weiss nicht, wie ich es sagen soll: ein furchtbarer Formalist, doch verhüllt vom Schleier einer Gott weiss wie eigentümlichen, anmutigen und strengen Bangigkeit. Und Donatello, die leidenschaftliche Trauer selbst, die verschwiegene, nagende Bitternis eines allzu vollendeten Geistes. Alle drei gehören zu den männlichsten der Künstler. Ein heiliger Tag, an dem man diese drei kennenlernt.

Nachdem ich diesen heiligen Tag mit einem Punkt und dann mit einem Abendessen (wenn auch nicht mehr in Padua, sondern in Ferrara) beendet hatte, war ich seit dem letzten Satz um eine Erfahrung reicher geworden, die ich euch nicht vorenthalten will: Hütet euch auf euren Reisen durch Italien vor dem sogenannten *vino di paese.* Er ist spottbillig, unschuldig anzusehen und wird euch in Flaschen gereicht, deren Kubikinhalt ihr auf den ersten Blick unbedingt unterschätzt. Wenn ihr ihm dann zu Leibe geht – er ist nämlich sehr gut –, steigen in euch Feuer, Kampfeslust, Sangesfreude, Begeisterung und ähnliche Gefühle auf. Hätte ich augenblicklich einen gewissen XX vor mir, der drüben in Böhmen furchtbare Dummheiten übers Theater schreibt, ich schlüge ihn zu Boden; denn in einer solchen Rage bin ich. Den Garaus machen möchte ich noch vielen anderen, die über Kunst schreiben, zum Beispiel XXX und sonstigen hochgeehrten Persönlichkeiten,* dann ginge ich, befleckt von ihrem Blut und mit lautem Gesange Giotto, Mantegna und Donatello preisend, zu Bett, und noch im Einschlafen sähe ich das Kirchlein dell'Arena, den Altar im Santo und die Kapelle der Eremitani vor mir, ich verstiesse mich selbst, verbeugte mich vor der unendlichen Grösse der Kunst und schliefe ein mit einer letzten dankbaren Erinnerung an den *vino di paese.*

Ehe ich des Blutes der Entfernten nicht habhaft werde, kann ich mich in meiner heiligen Inbrunst nicht ausleben

* In frevelhaftem Hochmut und anfänglicher Wut hatte ich sie beim Namen genannt; sie mögen mir verzeihen. Jetzt berichtige ich es, nicht um dem Gericht Gottes zu entgehen, sondern weil ich viel zu wenige aufgezählt habe. Ich wollte nur sagen, dass man in der Kunst ein Neuerer sein muss, oder etwas Ähnliches. *(Anm. d. Autors)*

und euch nicht die Fresken aufzeichnen, die ich gesehen habe. Am heutigen Tag bin ich durch alle Kirchen Paduas und Ferraras gegangen; fragt nicht, wie viele es sind. Und jetzt behaupte ich, dass das Christentum hier im Süden mit dem romanischen Stil, im Norden mit der Gotik gestorben ist; dass mit der Hochrenaissance und vor allem mit dem Barock etwas völlig Neues und im grossen und ganzen Unsympathisches beginnt, nämlich der Katholizismus. Das Christentum kann zu uns nur in der primitiven, strengen, heiligen Sprache der frühen Stile sprechen; es ist ernst, sauber und einigermassen schlicht. Neben ihm ist die Renaissance heidnisch und das Barock götzendienerisch, fetischistisch, kurz katholisch; kulturell gibt es hier etwas auffallend Niedrigeres gegenüber der früheren religiösen Reinheit. Dieser ganze maniakalische Pomp, die Marmorintarsien, Brokate, Stukkaturen, das Gold, die turmartigen Altäre, diese ganze kalte Pracht sagt euch *religiös* nicht einen Bruchteil davon, was so unermesslich ernst und rein aus Giottos Kapelle spricht.

War der Morgen ein Traum in den Eremitani oder in Giottos Kapelle, so war der Nachmittag ein Traum in den Gassen von Ferrara. Man sagt: Neapel sehen und sterben. In Ferrara möchte ich nicht sterben, aber manche Woche leben; leben in einem dieser Ziegelpaläste, die von aussen ein wenig aussehen wie ein unverputzter Speicher, aber deren Hof sich mit einer herrlichen stillen Loggia in die überaus schönen ferrarischen Gärten öffnet. Im lieblichen Frühjahrsregen neigen sich über die Ziegelmauern lila und gelb blühende Bäume, die ich nicht kenne.

Schnurgerade Gassen mit farbigen Fensterläden; roten, gelben, grünen; romanischen Säulchen, roten Palästchen, roten Kirchen; und überall ragt, bricht und blüht ungestüm das frische Grün des feuchten Frühlings hervor. Man geht ohne Ziel, denn man lebt im Traum. In einem Traum begehrt man nichts; erblickt man jedoch durch eine Marmorloggia den schönsten Garten, den man je gesehen hat und sehen wird, so begehrt man, hierbleiben zu dürfen, um nicht mehr durch Raum und Zeit zu stürzen, und weiter mitten in diesem Traum zu verweilen.

Ravenna, San Marino

Ravenna ist an und für sich eine halbtote Stadt ohne eigenen Charakter; zudem ist gerade irgendein faschistischer Festtag; und diese »Schwarzhemden« laufen mit Gewehren und Kapellen durch die Stadt, überall *il fascio,* grossväterliche Garibaldianer, Musik, Umzüge und Paraden. Nebenbei bemerkt sehen die Faschisten in Uniform unseren Schornsteinfegern sehr ähnlich; sie tragen eine Art schwarzes Häubchen mit einer Quaste, und ihre Zähne glänzen auch so; ein kurioser Eindruck.

Dieses Ravenna hat freilich nichts zu tun mit dem toten Ravenna, dem Ravenna der ältesten christlichen Architektur und der schönsten Mosaike der Welt. Sollte ich noch einmal und gründlicher darüber schreiben, was ich gesehen habe – sicher tue ich es nicht –, so werden die Mosaike von Ravenna das ergreifendste Erinnerungsblatt sein. Ich bekenne, dass mich nicht einmal an Dantes Grab wirkliche Frömmigkeit überkam; aber in Santi Nazario e Celso hatte ich Lust niederzuknien; San Vitale ist der schönste architektonische Raum, den ich kenne, Sant'Apollinare in Classe ist die Erhabenheit selbst, doch die Rotunde der Galla Placidia, wo aus dem dunklen kleinen Gewölbe hervor die heiligen Mosaike in einer wahrhaft himmlischen Anmut funkeln, ist gewiss einer der Höhepunkte des Christentums in der Kunst. Aber weder euch, heilige Jungfrauen in Sant'Apollinare Nuovo, darf ich vergessen, noch euch, himmlische Schäfchen in Sant'Apollinare in Classe *fuori;* niemals vergesse ich dich, unaussprechliche christliche Anmut, die du mich in Ravenna erfreut hast.

Und du, Rimini, bist keineswegs die letzte unter den italienischen Städten. Auch wenn das übrige nicht viel wert ist, so steht in dir doch Malatestas Tempel von Leon Battista Alberti; die Fassade ist unvollendet und das Innere zur Hälfte barock verpfuscht, aber das, was von Alberti übrigbleibt, ist wert des Ansehens und versöhnt mich mit der Renaissance, die mich in Venedig so kaltgelassen hat. In der Kunstgeschichte wird Alberti als »Theoretiker der Frührenaissance« bezeichnet; wenn ihr jedoch in den Spuren und Erinnerungen der menschlichen Hand zu lesen versteht, dann erkennt ihr an Malatestas Tempel eine so gewaltige Willensanspannung, eine so vollendete, anmutige Strenge und Reinheit des Stils in jedem plastischen Detail, dass ihr erbärmliche Kunstungläubige sein müsstet, gäbt ihr nicht diesem köstlichen Wrack vor dem besten Sansovino oder anderen Herren der glanzvollen Renaissance den Vorzug.

Stil, vor allem Gediegenheit des Stils! Schert euch mit malerischer Wirkung und Lockerheit, wenn ihr Architektur macht. Stil! Das ist alles, das ist mehr als der Mensch; denn im Stil zielt der Mensch geradewegs ins Absolute.

Und siehe, während ich so über den Stil und das Malerische nachsann, bestrafte mich das Schicksal für dieses Malerische. Ein geräumiges Autovehikel mit der Aufschrift »Rimini–San Marino« verleitete mich, in diese angeblich kleinste Republik der Welt zu fahren. Diese

Zeilen schreibe ich gerade in ihrer Mitte. Viel ist mir von den Schönheiten dieses ehrwürdigen Staates entgangen; denn auf dem Weg gab es eine Unmenge Regen, Nebel und Wolken; ich weiss nur, dass wir schrecklich bergauf fuhren, immer hinauf, in die Wolken, und da sitze ich also jetzt im Gewölk, in einem merkwürdigen Felsennest, das auf allen Seiten von Wolken und dampfenden Abgründen umgeben ist. Statt Gassen gibt es hier nur lauter Stiegen, ganz oben auf der Spitze eines vertikalen Felsens eine Burg, jedes Haus wie eine Bastion auf der Felsenterrasse, steile Abhänge in unbekannte Tiefen, aus denen sich der Nebel wälzt – kurz: für einen Adler die wildeste Pittoreske, die man sich vorstellen kann.

Während ich im repräsentativen Hotel dieser Republik ein Beefsteak in Öl und einen Ziegenkäse verschlang, lief San Marino zusammen und schaute mir zu. Ein Einheimischer, ein Ingenieur, liess sich mit mir in ein Gespräch ein; in einem furchtbaren Wortkampf (er nämlich kämpfte mit dem Französischen und ich mit dem Italienischen, wobei beide Sprachen geradezu rasenden Widerstand leisteten) erklärte er mir, dass San Marino tatsächlich eine unabhängige Republik sei, die im Krieg nur Freiwillige stelle; dass sie insgesamt fünftausend Bürger habe, über die segensreich und im allgemeinen recht ruhig Signor Gozi regiere, obschon ich an den Ecksteinen Aufschriften fand, die *»evviva«* einer andern Grösse zuriefen, wahrscheinlich einer der Opposition. Der betreffende Einheimische bemühte sich, mir einen Abriss der sanmarinesischen Geschichte zu geben, aber das ging schon nicht mehr gut mit den Händen. Von den Tschechen glaubte er, dass sie griechischen Stammes seien. Nähere zwischenstaatliche Beziehungen konnte ich wegen der genannten Schwierigkeiten nicht knüpfen; ein anderer möge mein Werk fortsetzen, aber er suche sich dazu einen Tag aus, an dem es nicht endlos regnet und an dem nicht Wolken diesen seltsamen Felsengipfel, diese steile Insel verdecken, die die besterhaltene europäische Republik ist.

Florenz

Das letzte Mal schrieb ich euch in Regen und Wolken aus dem einzigen und daher auch besten Hotel der Republik San Marino. Und siehe, der Morgen gefiel dem Himmel, die Wolken stiegen ein Stockwerk höher, und eine gewaltige Landschaft enthüllte sich: das Meer etwa dreissig Kilometer von hier, Berge, Felsen, eine unermessliche Menge von Bergen und Felsen, hinter ihnen die ganze Emilia, auf jedem Berg eine Burg, ein Wachturm oder ein Menschennest, zusammengedrängt auf eine blosse Handbreit, und zu Füssen nun der Abgrund, aus dem senkrecht der Felsen von San Marino emporsteigt. Von unten ist er ein wilder, gezackter Kamm, noch hinter Faenza habe ich nach ihm zurückgeschaut, und dann war ich auch schon in Bologna.

Wenn Padua die Stadt der Arkaden und Laubengänge ist, dann weiss ich nicht, welchen Namen ich Bologna geben soll. Hier ist jede Arkade so hoch wie bei uns ein zweistöckiges Haus; ein Portal in der Mitte führt in eine Säulenhalle, in der ein ansehnlicher Bahnhof Platz hätte, und die Halle öffnet sich mit einem neuen Portikus in den Hof. Es ist der schiere Wahnsinn an Säulen und Bogen; ein Haus neben dem andern ist ein solcher Säulenpalast; ganze Gassen sind aus lauter Palästen gebaut, ja bald die ganze Stadt, und selbst in den ärmsten Vierteln gibt es immer noch Arkaden auf die Gassen oder auf den Hof hinaus, Laubengänge, Portiken, alles in schwerer Renaissance. Es ist eine prunkvolle und etwas kalte Stadt; ihr Ruhm ist nicht die Kunst, sondern die Gelehrsamkeit und das Geld. So eine romanische Kirche und so einen gotischen, burgartigen Palazzo del Podestà hat in Italien jede Stadt; Bologna hat ausserdem zwei schiefe Türme, die wie missglückte viereckige Fabrikschlote aussehen.

Doch in Florenz werde ich nicht über Kunst sprechen. Es gibt hier fast zuviel davon, das macht einen ganz wirr im Kopf; zu guter Letzt berauscht man sich sogar an einem Hundeeckstein und vermutet, es sei eine Freske. Aus dieser ungeheuren Flut unsterblicher Schönheit bleiben einem wiederum Giotto und Donatello, Masaccio und das glückselige Brüderchen Angelicus aus San Marco in der Erinnerung haften. Giotto, Magister Jottus, hat hier im Dom eine Gedenktafel aus dem Jahre 1490, auf der geschrieben steht: »*Hoc nomen longi carminis instar erat.*« Dieser Name gleicht einem langen Gedicht. Nun, es ist wahr; ich schrieb diesen Namen wie ein Gedicht nieder und freue mich, dass ich ihn in Assisi wiedersehen werde.

Im übrigen ist Florenz schrecklich von Fremden verseucht. Die Einheimischen fahren hauptsächlich Fahrrad und kritzeln weniger »*Viva il fascio*« an die Wände als anderswo. Was die Faschisten betrifft, so schreien sie »*ejaejaeja*«, und ihr Gruss ist ein solcher Hieb mit der Hand in die Luft, dass man erschrickt. Aber da ich, Gott sei Dank, kein Politiker bin, kann ich wieder auf die Ausländer zurückkommen. Am meisten tun mir die leid, die ein bezahlter Führer durch Kirchen und Museen jagt. Entweder lässt er seine Erklärungen auf italienisch erschallen, dann verstehen ihn die Fremden überhaupt nicht, oder er schreit ihnen etwas ins Ohr, was er selbst für Französisch oder Englisch hält, und dann verstehen sie ihn schon gar nicht. Dabei hat er eine so unbegreifliche Eile, als ob ihm zu Hause die Frau gerade ein Kind auf die Welt brächte; er läuft mit dem Hut im Genick herum, dreiviertel der Dinge überspringt er, und eine besondere Vorliebe hat er für Canova. Eine zweite Sorte von Fremden klammert sich an den *Baedeker* wie ein Ertrinkender an den Strohhalm oder ein Schatzsucher an die Wünschelrute. Sie tragen ihn ständig vor sich her; und wenn sie sich einem Meisterwerk nähern, zittert ihnen der *Baedeker* merklich in der Hand, denn sie blicken schnell auf, schauen das Meisterwerk flüchtig an und lesen dann mit halblauter Stimme durch, was der *Baedeker* aus *Crowe und Cavalcaselle* darüber zitiert. Die dritte Sorte sind die Frischvermählten, die zu ignorieren ich mir schon in Venedig vorgenommen habe. Die vierte Sorte ist Highlife, sie fährt dauernd in Autos umher; wohin, weiss ich nicht, denn in zehn Minuten läuft man durch ganz Florenz. Die fünfte Sorte sind dann die Kopisten. Sie sitzen im Palazzo Pitti oder in den Uffizien und kopieren Paradewerke; wenn man ungeniert »ihren« Meister zu betrachten beginnt, fühlen sie sich unangenehm berührt, als wäre es ihr Privateigentum. Sie machen Miniaturen aus Fra Bartolomeo und Ansichtskarten aus Botticelli; sie haben die wunderbare Fähigkeit, nicht eine einzige Farbe zu treffen und das Bild so fett zu überschmieren, dass es wie ein Osterlaib glänzt. Grösstenteils sind es alte Herren und hässliche Fräulein. Weiss Gott, keine einzige Kopie, keine einzige Kopistin war auch nur ein bisschen hübsch. Heute in Fiesole malten gleich drei den Kreuzgang des Klosters und die Zypressen; ein paar Schritte entfernt kugelte sich auf dem Rasen ein Kind mit einem jungen Hund herum, das war so schön, dass ich vergass, diesen verträumten Kreuzgang und die »herrliche **Aussicht auf Florenz und das Tal des Arno« (wie der *Baedeker* sagt) anzuschauen; aber die drei Kopistinnen schmierten ernst an ihrem verträumten Kreuzgang und ihren Zypressen weiter, und nicht eine nahm die Brille ab, um das **Kind mit Hund zu betrachten oder sich die Augen zu wischen.

Siena, Orvieto

Siena ist eine ungemein liebe kleine Stadt, sie sitzt auf drei Hügeln und lächelt, ob ihr nun ein lauer Regen über den Rücken rinnt oder ob die Sonne scheint; sie besitzt ein paar berühmte Erinnerungsstückchen, doch sie ist selbst ganz und gar ein anmutiges altes Andenken. Lauter gute, ehrliche Ziegelgotik, bloss mit ein paar Rosinen der Frührenaissance verziert; aber das ist keine aufgeblasene, kriegerische Gotik und keine festungsähnliche, harte, uneinnehmbare Renaissance wie die eines Palazzo Strozzi; alles ist gewissermassen intim, fröhlicher, anmutiger als anderswo. Eigentlich fuhr ich wegen Duccio di Buoninsegna, des sienesischen Giotto, nach Siena; aber erstaunlicherweise würde eigentlich der sanfte und gelind monumentale Giotto besser nach Siena passen als der naturalistischere und nüchternere Duccio. Am hübschesten ist es, durch die Gassen zu schlendern, die wie eine übermütige Rutschbahn hinauf- und hinunterlaufen, und auf den schmalen blauen Himmelsstreifen zwischen den roten Zinnen der alten Häuser und auf die grünen Wellen der toskanischen Hügel ringsum zu schauen. Eigentlich ist die toskanische Landschaft einer hübschen Gegend in Böhmen recht ähnlich; nur dass hier statt der Kartoffel die Rebe wächst und dass jeder Hügel mit einem türmereichen Städtchen oder einer alten Burgfeste überaus hübsch gekrönt ist. Von hier, aus Siena, stammte Aeneas Silvius Piccolomini, der zu seiner Zeit etwas mit Georg von Podiebrad zu tun hatte und später Papst wurde; im Dom ist eine Bibliothek, dort hat Pinturicchio die Taten des Piccolomini aufgemalt; in der gesegneten sienesischen Luft erhielten sich diese Fresken so frisch, als hätte der alte Pinturicchio erst gestern die letzte bunte Arabeske ums Fenster herum zu Ende gepinselt. Dann gibt es hier ein gotisches Rathaus, innen von Kopf bis Fuss mit Fresken bestickt, und einen Dom, der aussen und innen vollständig mit farbigem Marmor ausgekleidet ist – ausserdem hat er eine schon zu sehr verzierte Fassade und einen Fussboden ganz in Sgrafitto –, weiter einen schönen, riesigen Platz, die Fonte Gaia, Lorenzettis *Frieden* und eine ganze Menge anderer ergötzlicher, freundlicher Dinge; das alles und noch viel mehr haben sie hier.

Aber das ist nichts gegen Orvieto. Orvieto ist eine noch kleinere Stadt, zudem hat es sich auf die Platte eines Felsentisches gesetzt, der aus der Erde in eine ungeheure Höhe ganz steil emporgekrochen ist. Hinauf kommt man entweder in Serpentinen – das würde sich selbst der streitlustigste Feind dieses uneinnehmbaren Städtchens überlegen – oder mit einer Seilbahn, in der euch bestimmt schwindlig wird. Endlich ist man oben, in der Höhe von 1500 Jahren, nicht Metern; denn Orvieto ist schrecklich alt, ganz aus unverputzten Quadern und nackten Steinwürfeln. Einen einzigen Zierat haben sich die Orvietaner indessen gegönnt, das ist der Dom. Es ergreift mich zwar keineswegs, dieses dekorative Spitzen- und Stickereiwerk, zu dem sich die alten Italiener die Gotik zubereitet haben; aber im Innern hat Luca Signorelli, dieser merkwürdige und grosse Maler, der besessen war von der Vision menschlicher Körper, eine ganze Kapelle ausgemalt. Nicht einmal das Jüngste Gericht mit der ganzen Flut prächtig modellierter Muskulaturen genügte ihm; er umsäumte die Kapelle noch mit Medaillons, ein jedes davon wie eine Illustration zu Dantes *Inferno,* und all das umwickelte er mit Arabesken, die wieder Girlanden menschlicher Leiber in den wundersamsten Stellungen und Verrenkungen sind. Es ist, als ob er vom menschlichen Körper in der Bewegung nicht genug hätte bekommen können; er ist berauscht und dabei sonderbar klar, leidenschaftlich schwungvoll und wieder fast gewaltsam genau: ein Maler, der es wert ist, dass man seinetwegen die ausgefahrenen italienischen Wege verlässt und auf den Felsen von Orvieto hinaufsteigt. Als Zugabe erhaltet ihr noch zwei grosse Kapellen, die mit Fresken eines guten Quattrocento austapeziert sind.

Wenn meine Bekannten wüssten, welche Freude ich den Jungen in Orvieto machte, indem ich ihnen tschechische Briefmarken schenkte, hätten sie mir sicher öfter geschrieben. Sogleich umringten mich diese Jungen und erbaten von mir *francobolli esteri;* ich gab ihnen, was ich hatte, und da hauchten sie voll begeisterter Freude: »*Cecoslovacchia!*« Als ich früher Briefmarken sammelte, hätte ich eine aus Afghanistan oder Bolivien mit solcher Freude entgegengenommen; für die Knaben von Orvieto ist unser Vaterland anscheinend etwas recht Exotisches. Und weil ich schon von fernen Ländern spreche – in

Orvieto begegnete ich auf meiner Reise der ersten Frau von wahrhaft bezaubernder Schönheit. Es war eine junge Japanerin. Nie hätte ich geglaubt, dass Japanerinnen so schön sein können. Sie betrachtete den Signorelli, und ich betrachtete den Signorelli und sie. Dann ging sie weg, und der Signorelli blieb. Er ist ein gewaltiger Maler; doch nie hätte ich geglaubt, dass Japanerinnen so vollendet anmutig sein können.

Rom

Weiss Gott, lieber schriebe ich über Rocca di Papa als über Rom. Rocca di Papa ist ein kleines Felsennest hoch in den Albaner Bergen; auf den Gassen rinnt von oben die Jauche herab, in der sich schwarze Ziegen und noch schwärzere Kinder wälzen, furchtbar viele Kinder; die Gassen sind einfach Stiegen und die Häuser etwas Ähnliches wie schwarze Steinzellen, die – es ist zum Staunen – von weitem, etwa aus den Fenstern des Vatikans, wie weisse Zuckerwürfel aussehen. Das ist Rocca di Papa. Doch Rocca di Papa interessiert öffentlich nicht, Rocca di Papa ist kein Kulturproblem, und deshalb kehren wir nach Rom zurück.

Machar hat in Rom die Antike gefunden. Das ist seltsam. Was mich betrifft, ich fand dort vor allem das Barock. Das Kolosseum ist barock. Das ganze kaiserliche Rom ist augenfällig barock. Dann kam das Christentum und bereitete mit einem Schlag dem kaiserlichen Barock ein Ende. Die Folge war, dass das Rom der bildenden Kunst einschlief; es erwachte bei der ersten Gelegenheit, als der straffe Riemen, mit dem das Christentum es umschnürt hatte, gelockert wurde – da konnte es wieder in einer neuen Welle des Barocks aufschäumen, diesmal im Zeichen des Papsttums. Das päpstliche Rom ist einfach eine Fortsetzung des kaiserlichen Roms, zumindest in Hinblick auf die Architektur; vielleicht schreibe ich jetzt grosse Dummheiten hin, aber lasst mich dabei.

Ich möchte es etwa so sagen, dass es hier in Italien zwei Entwicklungstendenzen gibt: eine römische, barocke, weltliche, katholische, die in ungeheure Dimensionen, in Luxus, Dynamik und Äusserlichkeit treibt; und eine zweite, primitivere, strengere, volkstümlichere, vielleicht könnte ich bildlich sagen eine etruskische, die sich hier durch das Christentum zu Wort meldete, die Mosaike schuf, in die Katakomben kroch, Bildhauerei und Baukunst befreite und sich kindlich und intim ausdrückte. Aber die barocke Tendenz brach von Zeit zu Zeit wieder durch; sie bemächtigte sich in Italien der Gotik und verwandelte sie in ein überladenes, ausgezacktes Barock. Die Frührenaissance ist wieder streng, formal eine reine Reaktion auf die barocke Tendenz, die in der welschen Gotik gesiegt hatte. Die Hochrenaissance jedoch ist eigentlich schon ein neuer Sieg der barocken Idee. So arbeitet Rom ständig auf das Barock hin, barock ist seine Muttersprache; und Rom hat von nun an mit der Antike so wenig gemeinsam wie die Nikolandergasse in Prag.

Diese pseudohistorische Deutung gebe ich deshalb, damit ich mich nicht zu schämen brauche, wenn ich sage, dass mir Rom im ganzen genommen nicht gefällt. Weder das Forum Romanum noch die furchtbare Ziegelruine Palatin weckte in mir heilige Gefühle, diese maniakalischen Dimensionen von Thermen, Palästen und Circussen, diese seltsame Leidenschaft, immer kolossaler, immer extensiver zu bauen, das ist die wahre barocke Besessenheit, die später Paul V. dazu trieb, die Peterskirche zu verderben. Der Katholizismus reicht dem heidnischen

Rom der Cäsaren die Hand; und das Christentum ist eine Episode, die möglichst schnell zu überwinden Rom mithalf.

Das Freundlichste in Rom sind einige heilige kleine Kirchlein: so eine Santa Prassede, Santa Maria in Cosmedin, San Saba oder auch San Clemente, wo unser Nationalpatron Kyrill begraben liegt. »*Tomba di San Cirillo*«, sagte der Sakristan und zeigte in der Unterkirche auf eine kleine geborstene Marmortruhe, die mit einigen unbehauenen Steinen bedeckt war. Für einen Heiligen ist das viel zu einfach, besonders wenn man sich an die prahlerischen Papstgräber in der Peterskirche erinnert.

Zu den Besonderheiten Roms möchte ich die Katzen auf dem Trajansforum zählen; das ist ein kleiner Rasen, der tiefer als die Gasse gelegen und von einem Gitter umgrenzt ist; in der Mitte steht die Trajanssäule, eines der albernsten Denkmäler der Welt, und rundherum liegen zerstückelte Säulen. Auf diesen Säulen zählte ich neulich nicht weniger als sechzig Katzen aller Farben. Das ist ein prächtiger Anblick. Ich ging sie mir noch einmal in einer herrlichen Mondnacht ansehen; sie sassen mit den Rükken zueinander und plärrten: Das war offensichtlich eine religiöse Zeremonie. Ich lehnte mich an das Geländer, faltete die Hände und dachte an die Heimat.

Auch die Katzen haben ihren Gott, dem sie in Mondnächten singen: Warum tust du es nicht? Ach, du hast ihn nicht gefunden im brennenden Licht des südlichen Helios, auch nicht im kalten Schwelgen des Katholizismus; vielleicht, vielleicht flüsterte er dir etwas zu in der

Reinheit von Albertis Tempel oder im süssen Schimmer der Kirchlein von Ravenna, aber du hast ihn nicht gut verstanden. Denn vor allem sprach er nicht tschechisch.

Das neapolitanische Volk

I

Ich werde nicht über den Vesuv noch über die Blaue Grotte schreiben. Ferner werde ich insbesondere nicht über das Meer schreiben; ein anständiger Mensch spricht nicht von den Schönheiten seiner wenn auch nur zeitweiligen Liebe. Ausser dieser herrlichen Natur gibt es hier eine echte Hauptsehenswürdigkeit: das neapolitanische Volk.

Das neapolitanische Volk hat eine ältere Tradition als das römische Forum. Schon Goethe soll über die Ziegenherden geschrieben haben, die morgens durch die neapolitanischen Gassen laufen, um an Ort und Stelle gemolken zu werden. Früh um halb sieben ist unter meinem Fenster ein fürchterliches Geschrei; ich stecke den Kopf hinaus, unten käut eine Herde Ziegen wieder (sie haben ein Gesicht wie englische Ladies), und ein Bursche melkt sie mit aneiferndem Gebrüll; als er mich erblickt, lässt er das Euter los, streckt die Hand aus und ruft mir etwas zu. Du schlüpfst aus dem Haus, und gleich auf der prunkvollen Via Partenope liegt quer über dem Gehsteig ein Lulatsch, die Hände hinter dem Kopf, ist schwarz wie eine Bratwurst und wärmt sich in der Sonne seinen geräucherten Nabel. Du denkst dir, ist er nicht gestorben, so schläft er; aber kaum bist du in seiner Reichweite, zieht er eine Hand unterm Kopf hervor und spricht: *»Signore,* *un soldo.«* Ein Junge besprengt in aller Öffentlichkeit einen Eckstein und ruft dir dabei zu: »*Signore, un soldo!*« – wahrscheinlich für dieses lokale Schauspiel. Wenn sich mit Geschrei Geld verdienen liesse, wäre jeder Neapolitaner ein Astor. Mit schrecklichem Kriegsgebrüll Zeitungen verkaufen, mit ihnen in fahrende Strassenbahnen und Züge springen oder schon in aller Herrgottsfrühe mit einem Paar Socken, vier Schnürsenkeln, drei Zitronen und einer Korallenschnur auf dem Gehsteig sitzen und im Getöse der Gasse bis abends das Mundwerk rühren, das ist vermutlich der wahre Beruf für dieses Volk. Du wanderst durch Pozzuoli; irgendein *vetturino* hat es sich in den Kopf gesetzt, dass du mit seiner Droschke fahren sollst; nun denn, ergib dich ohne Widerstand! Eine halbe Stunde lang fährt er neben dir her und schreit, schreit; zuerst italienisch, du verstehst nicht; dann englisch, und du tust, als verstündest du nicht; dann französisch, deutsch, und schliesslich brüllt er los: »*Da, da, charascho, gaspada, otto lire, acht, majher, mosjé vera tu, tu kompri, otto lire, ser, ejt, ejt, ejt.*« Am Ende unterwirfst du dich diesem sprachlichen Phänomen und kriechst einige Schritte vor dem Ziel in seinen Rumpelkasten; er stösst einen Siegesschrei aus, sein Pferdchen wird scheu, der *vetturino* hängt sich an die Zügel und brüllt, wie durch ein unbegreifliches Wunder nimmt er die scharfe Kurve direkt über einen Graben, das Pferd wird etwas langsamer, aber nach drei Schritten scheut es wieder, du fliegst in einen Abgrund und wieder hinauf, nach rechts und nach links, du empfiehlst Gott deine Seele, und – *ecco!*

der *vetturino* sieht sich triumphierend um wie ein Sieger der Olympischen Spiele; wir sind nämlich am Ziel. »Fünfzehn Lire, *signore*«, sagt er ruhig. Nun gut, du gibst ihm acht. »Und das Trinkgeld«, verlangt der Matador. Schön, du gibst eine Lira dazu; das Leben ist sie wert. »Und noch das Trinkgeld fürs Pferd.«

Du gehst dir die Solfatara ansehen (– tut es nicht, das ganze Phänomen sieht ungefähr so aus, wie wenn man bei uns Kalk löscht). Eintrittsgeld ... sechs Lire, da schau her. Beim Eingang hängt sich wortlos ein nobler Herr an dich; in der Hand hat er irgendeinen Strohzopf und pfeift hübsch vor sich hin. Leider viel zu spät merkst du, dass der noble Herr der Fremdenführer ist, der bei einem gewissen Loch für zehn Sekunden den Strohzopf anzündet, damit es raucht. Dann führt er dich hinter eine Bude; du denkst voll Dankbarkeit, dass es der Abort sei. Einstweilen ist dort ein barfüssiger Greis, der mit einer Hacke im Sand scharrt und dich auffordert, dir darin die Hand zu verbrühen; ausserdem steckt er dir mit aller Gewalt drei heisse Steinchen in die Tasche, zur Erinnerung angeblich, und streckt die Hand aus. Der noble Herr knarrt mit seinen schönen Schuhen und führt dich hinaus. »Zehn Lire, mein Herr.« Du stutzt ein wenig. »Fünf Lire sind meine Taxe«, erklärt der Herr, »vier Lire für die Fackel, eine Lira für Wein.«

Du sitzt in einem ordentlichen kleinen Hotel beim Abendessen; unten ist das Meer, oben raucht der Vesuv, nun, hübsch ist das. Und zu alldem erklingen Gitarren auf der Strasse, und eine angenehme Stimme singt das bekannte neapolitanische Lied *Ich habe mich gekratzt.* Nach einer Weile steht ein Kerl neben dir und hält dir seinen Hut hin, er hat auf einer Serviette lauter Fünflirestücke drin. Du schämst dich ein wenig, weil du ihm nur eine verwitwete Lira hineinwirfst; aber der artige Tenor rührt geschickt mit dem Hut, die Lira verschwindet in der Serviette, und oben sind wieder lauter Fünflire.

Nun, ich bin kein verschwenderischer Mensch und gebe nicht, wenn ich nicht muss; doch bitte ich euch, wenn ich zurückkomme, reicht mir ja nicht die Hand, damit ich euch nicht womöglich ein Trinkgeld zustecke. Oder sagt mir um Gottes willen: Gibt es noch etwas auf der Welt, was umsonst ist?

II

Es sei der Wahrheit gemäss gesagt: Das mit der Schönheit Neapels ist ein wenig Schwindel. Neapel ist nicht schön, wenn man es nicht gerade aus der Ferne anschaut. Aus der Ferne liegt es golden in der Sonne, das Meer ist blau, wie man es sich nur vorstellen kann, hier vorn steht eine hübsche Pinie, das Blaue dort ist Capri, der Vesuv atmet ein Flöckchen weissliche Watte aus, Sorrent leuchtet fern und rein – mein Gott, ist das schön. Und dann kommt die Dämmerung, alles wird bläulich, und Lichtsternchen spriessen hervor, jetzt ist es ein ganzer Halbkreis von Fünkchen, und auf dem Meer kommt ein Schiff gefahren und leuchtet mit grünen, blauen, goldenen Lampen: mein Gott, ist das schön! Aber komm in die Stadt; wandre durch die Gassen, guck dir alles mit tschechischen Augen an, und freue dich, wie du kannst, über dieses malerische Leben; nach einer Weile wird dir davon etwas übel. Vielleicht sind diese Gassen pittoresk; unbedingt aber sind sie sehr hässlich. Man schlendert unter Girlanden schmutziger Wäsche, bricht sich Bahn durch allerlei Gesindel, Esel, Lausbuben, Ziegen, Kinder, Autos, Körbe voll Gemüse und anderer verdächtiger Schweinereien, Werkstätten, die über den Gehsteig bis in die halbe Gasse hinausgewachsen sind, Abfälle, Seeleute, Fische, Droschken, Kohlköpfe, Kamelotts, auffrisierte Mädchen, verdreckte Kinder, die sich auf dem Boden wälzen; alles drängelt, macht Krach, schlägt erbarmungslos auf die Tiere ein, ruft aus, bietet feil, schreit, knallt mit der Peitsche und betrügt. Offenbar fühlt sich der Neapolitaner in seinem wahren Element, wenn er etwas verkauft; er nimmt einen Stuhl, alte Hosenträger, drei Kerzen und einen stinkenden Butt; darüber wird den ganzen Tag lang eine Art Beschwörung gesungen, und das ist dann eine Gemischtwarenhandlung. Dort verkauft ein armer Blinder sieben Spazierstöcke; du erbarmst dich seiner und kaufst einen; der arme Blinde will zwanzig Lire dafür, du gibst ihm fünf und gehst weiter; wisse also, dass du fürchterlich betrogen worden bist. Hier kommt ein Bursche, er trägt auf der Schulter einen Stuhl, und damit ihm nicht traurig zumute wird, bläst er auf einem Flügelhorn einen Marsch vor sich hin. Ich hatte das Unglück, dass ich eine halbe Stunde nach dem italienischen König in Neapel eintraf; es hat anscheinend einen grossen Empfang gegeben, die Strassen sind mit Droschken, Autos, Karren, Eseln, den seltsamsten Vehikeln verrammelt; damit ihnen die Zeit vergeht, stossen die Kutscher ihre Tiere mit den Füssen und knallen mit den Peitschen, die Chauffeure tuten, alles schreit wie toll, irgendwo im Hafen heulen die Kanonen; mein Lebtag habe ich nicht so einen Tumult gehört. Und, Leute, die italienischen Paradeuniformen, die sind erst ein Jux! Nie hätte ich geglaubt, dass ein Mannsbild sich mit solchen Baldachinen, Federn, Schnüren, Quasten und Schärpen, Lampassen, Federbüschen, Pferdegeschirren und Takelagen, Goldstickereien, Zitzen, Posamenten und Girlanden behängen könnte wie die grossen und kleinen Würdenträger dieses malerischen Landes. Damit ich es nicht vergesse, ich sah dann den König durch die Gassen fahren; das begeisterte Volk ... applaudierte einfach nur, wie im Theater.

Aber damit ich auf meine Manien zurückkomme: Neapel ist eine vollkommen unschöpferische Stadt; stets hat man hier schlecht gemalt und nicht besonders gut gebaut; hier genügt den Leuten der blaue Himmel und der göttliche Segen einer üppigen Natur. In einer Kirche jedoch (jetzt weiss ich nicht, war es San Gennaro oder Santa Chiara, aber vielleicht noch ein anderer Heiliger) fand ich ganz volkstümliche Votivbildchen; es gibt dort ein paar hundert davon, einige sind entzückend. Gewöhnlich ist da in ausserordentlich eindringlicher Perspektive ein Zimmer aufgemalt; in einem regelrecht gestärkten und sorgfältig aufgebauten Bett liegt der Kranke, einige Frauen in Röcken aus dem Jahre 1870 ringen die Hände und drücken gebügelte Tüchlein an die Augen, und dann ist dort an der Wand ein Heiligenbild, und vor ihm kniet in schwarzem Anzug steif ein Mann, gerade und plastisch wie ein gutgefüllter Sack. Offenbar hatte der Himmel einem so vorbildlichen Gebet nicht widerstehen können und den Kranken geheilt, wofür ihm Dank gesagt wurde mit diesem sorgfältigen Exvoto. Und seht, es gibt unter diesen Bildchen einige, die die ernste Einfachheit des Zöllners Rousseau, und andere, die das Beängstigende eines Munch haben; das ist in seiner Art eine einmalige Galerie der anonymen Malerei.

Alles andere in Neapel ist nur Geschrei, Unrat und malerischer Anblick.

Palermo

Lieber schriebe ich dies gar nicht, denn ich schäme mich, dass ich nicht genau sagen kann, ob das Schönste auf der Welt eine Schiffsreise auf dem Meer oder Monreale oder das Gärtchen von San Giovanni degli Eremiti ist. Was Palermo betrifft, so hätte ich gestern noch geschrieben, es sei die sauberste Stadt von ganz Italien; heute, da ich um den Hafen La Cala herumgestrolcht war, glaube ich, es ist die schmutzigste, sogar Neapel und Rocca di Papa eingerechnet. Dafür ist es ein unbestreitbarer Vorzug der Sizilianer, dass sie fast gar nicht betteln; sie scheinen überhaupt strenger und würdiger zu sein als die lockigen Neapolitaner weiter oben, vielleicht durch den Einfluss der spanischen Kultur. Der spanische Einfluss ist der letzte; der erste ist griechisch, der zweite und dritte sarazenisch und normannisch; die Renaissance reichte nur so halb und halb her. Diese verschiedenen Kulturschichten vermische man mit blendender Sonne, afrikanischer Erde, einer Menge Staub und herrlicher Vegetation, und man hat Sizilien.

Doch nein, es gibt hier noch eine heimische Kultur, und die kann man an den Karren aller Bauern der ganzen Conca d'Oro sehen. Diese Karren sind nämlich prächtig bemalt; lauter Legenden, Ritterkämpfe, historische Szenen, Kriege, dramatische Bilder aus dem zeitgenössischen Leben, all dies gemalt mit gotischer Primitivität oder ein wenig in der Art alter Spielkarten. Genauso bemalt ist die Decke in den Tribunalien, ich vermute aus dem fünfzehnten Jahrhundert. Den ersten Karren wollte ich sofort kaufen; er kam mir wie ein Museumsstück vor. Nach zwei Tagen sah ich ihrer mehrere tausend, darunter wahre polychromatische Wunder. Wenn irgendwo die Volkskunst noch voll am Leben ist, dann hier.

Und nun Monreale, das Wunder, die überreiche Arche romanischer Kunst; der Dom ist von Kopf bis Fuss mit goldenen Mosaiken bestreut, die zwar nicht die erhabene Schönheit der um einige Jahrhunderte älteren Mosaike von Ravenna haben, aber vielleicht die glänzendste und monumentalste Fundgrube romanischer Dekoration sind, ebenso wie die Cappella Palatina hier in Palermo, die einen ganz verwirrt, und wie der Kreuzgang in Monreale, wo euch einige dreihundert figurale Säulen den Verstand rauben, wo jedes Kapitell wieder anders ist und zudem ein unentwirrbares Knäuel von Ornamentik und legendären Szenen und Tieren und musivischer Arbeit bildet, und schliesslich wie die ornamental ausgelegten Gesimse und Fussböden und Friese hier und in Monreale, die alles übertreffen, was ich mir bis jetzt als Möglichkeiten reiner geometrischer Ornamentik vorgestellt habe. Und dann Monreale selbst, die seltsame, auf einem Berghang klebende Stadt inmitten baumartiger Kakteen, Palmen, Feigenbäume und ich weiss nicht welcher merkwürdiger Gewächse noch, eine Stadt voll spanischer und sarazenischer Gitter und eines weichen, ungewöhnlich malerischen Barocks, voll schmutziger Wäsche, Esel, Kinder, Ferkel, volkstümlicher Schilder und wunderschöner Ausblicke bis zu den Liparischen Inseln – die erste Stadt, wo mir wahrhaftig die Augen übergegangen sind.

Und wieder etwas ganz anderes: das Gärtchen im alten, halbverfallenen Kreuzgang von San Giovanni degli Eremiti. Das Kirchlein selbst ist eine alte Moschee mit maurischer Kuppel; und auf dieser Handbreit Erde zwischen den maurischen Spitzbogen des Kreuzgangs ist alles gewachsen und aufgeblüht, was der übersprudelnd freigebige Himmel in den Schoss der Conca d'Oro am Golf von Palermo hineingeschüttet hat. Einige Pomeranzen- und Zitronenbäumchen neigen sich unter der Last des reifen Obstes und blühen dabei gleichzeitig; eine Dattelpalme, eine Überfülle von Rosen, Sträucher mit röhrenförmigen Blüten, die gut einen Liter fassen könnten, eine mir unbekannte Vegetation, ein verwirrendes Dickicht aus Blüten und Düften. Gleich merkwürdigen Globen zeichnen sich am unglaublich blauen Himmel fünf rote sarazenische Kuppeln ab. Mein Gott, diese Ecke ist vielleicht doch das Schönste von allem.

In Monreale gibt es wunderschöne Mosaike von der Schöpfung: nicht einmal Michelangelo in der Sixtinischen Kapelle hat sich tiefer auseinandergesetzt mit der Erschaffung des Lichts und des Wassers und des Landes und der himmlischen Geschöpfe, insbesondere aber vergass er oder war nicht fähig, zu zeigen, wie Gott am siebenten Tag »sah, dass es gut ist«, und ruhte. Der Gott in Monreale ruht aus, träumt wie ein Landmann nach der Arbeit, die Hände im Schoss. – Nun, auch Gott der Schöpfer hat etwas vergessen; er gebot zwar Adam, allem Vieh und Wassergetier einen Namen zu geben, aber er befahl ihm nicht, auch die verschiedenen Arten übler Gerüche zu benennen. Und deshalb ist die menschliche Sprache nicht tauglich, Düfte und Gestank näher zu bezeichnen. Vermischt Jasmin, verwesenden Fisch, Ziegenkäse, ranziges Öl, menschliche Ausdünstungen, den Atem des Meeres, Orangenessenz und den Gestank der Kater, und ihr habt eine zehnfach verdünnte Vorstellung davon, was man in einer solchen Hafengasse einatmet. Und vergesst nicht die Kinderwindeln, das verfaulte Gemüse, Ziegenkot, Tabak, Staub, Holzkohle und Pomade. Fügt noch hinzu Moder, Abwässer, nasse Wäsche und brutzelndes Öl. Nicht einmal das genügt. Es lässt sich nicht in Worten ausdrücken.

Nicht in Worten ausdrücken lassen sich die Schönheiten und Merkwürdigkeiten dieser Welt.

Von Palermo nach Taormina

Bezahlt mir diese Zeilen mit schwerem Gold, nicht ihrer besonderen Schönheit wegen, sondern deshalb, weil ich selber soviel für sie bezahlen musste. Rechne ich aber für jedes Sternchen zehn Centesimi und einen Centesimo für jedes tiefe Meeresbrausen, zehn Lire für das rote Feuerchen auf der Spitze des Ätnas und eine halbe Lira je Stunde für die balsamische Luft – wie ihr seht, berechne ich weder die Spiegelungen auf dem Meer noch die Palmen, noch die alte Burg, ja nicht einmal das griechische Theater, das jetzt in der Nacht nichts hat, womit es fesseln könnte –, nun, dann ist es das wert, und Gott sei gelobt, dass er mich in diese Gegend geschickt hat.

Kraft seiner wunderbaren Macht führte er mich zuerst aus Palermo quer durch Sizilien, über eine Menge kahler, seltsamer und trauriger Hügel, über Kaktusalleen und Schwefelgruben nach Girgenti, das so ein kleines Städtchen auf einem Hügel ist, und ein Stück weiter gleich eine ganze Serie griechischer Tempel. Sie sind dorisch und infolgedessen sehr schön. Es war gerade Mariä Himmelfahrt, und von weit und breit fuhren die Einheimischen zu diesen **am besten erhaltenen griechischen Andenken, sie assen und tranken dort und erklärten ihren Kindern, dass dies also griechische Tempel seien; andere massen ernst mit Taschenmessbändern die Säulenschäfte und Steinquader und waren überhaupt sichtlich stolz auf die besagten Tempel. Auf dem Rückweg geschah es, dass sich mir ein girgentischer Jüngling anschloss, er redete etwas, was er vermutlich für Französisch hielt; ich weiss nicht, wie es zuging, aber auf einmal schritt ich inmitten von etwa zwölf sehr hübschen Mädchen, und hinter uns zog ein Haufen prächtiger Burschen, und alle waren wir umzingelt von einer Herde Ziegen mit weissem Seidenfell und gedrehten Hörnern. So wanderte ich im goldenen Staub des Sonnenuntergangs, abwechselnd tschechisch, italienisch und französisch redend, dem Führer eines bacchantischen Umzugs gleichend; wer auf einem Esel oder Maultier an uns vorüberritt, zog den Hut und blickte uns lange nach. Mein Leben lang werde ich dieses antike Ereignis nicht begreifen.

Worauf mich Gott auf sehr komplizierten Geleisen vom Afrikanischen zum Ionischen Meer führte. Entlang des Weges sind wieder Hügel, Hügel mit grünen oder weissen Kämmen, Schwefelhügel oder solche, die von Höhlen durchlöchert sind wie Käse, und merkwürdige Städte, die bis auf die Gipfel von überaus hohen Bergen geklettert sind, wie Enna *inexpugnabilis* oder Castrogiovanni, das aus den Wolken über einem kleinen, fast in einen Tunnel geduckten Bahnhof hervortaucht, und dann ragt über dem reifenden Getreide der verschneite Ätna auf und verschwindet in den Wolken, dann kommen Malariasümpfe und das blaue Meer, dann also Siracusa, die Stadt auf der Insel, ein abgetrennter Teil des alten Syrakus. Das nämlich befand sich auf dem Festland und hatte eine ungeheure Ausdehnung, ein Theater, ein Amphitheater und berühmte Steinbrüche, und dazu trugen die Christen noch riesige Katakomben bei. Die Steinbrüche heissen Latomien und sind sehr schön; rundum von Felswänden eingeschlossene Pflanzenparadiese; den einzigen Zutritt bewacht ein Kustos, den man bezahlen muss, und deshalb sperrte auch der Tyrann Dionysios in die besagten Latomien die Gefangenen ein. Auch in Siracusa haben die Bauern bemalte Karren, doch an Stelle historischer Bilder bevorzugen sie Szenen aus dem Leben der vornehmen Kreise; und es sind besonders reizvolle Stücke darunter.

Wie mir scheint, spreche ich zuwenig über die antiken Andenken. Ich könnte darüber gewiss mehr schreiben; im Reiseführer ist alles angegeben, das Jahrhundert der Entstehung, die Dicke der Säulenschäfte und die Anzahl der Säulen. Aber vielleicht habe ich zuwenig Sinn fürs Historische; meine stärksten Eindrücke von der Antike sind eher mit der Natur verbunden, so zum Beispiel der goldene Sonnenuntergang in den goldschimmernden Tempeln von Girgenti oder die weisse Mittagshitze im griechischen Theater, wenn über die Sitze wunderschöne grüne Eidechsen huschen; oder der einsame *Laurus nobilis* bei einer entzweigeschlagenen Säule, die riesige schwarze Natter im Hofe des Hauses des tragischen Dichters in Pompeji, der Duft von Minze und Begonien – ach, das Schönste und Grenzenloseste auf der Welt sind nicht die Dinge, sondern die kurzen Zeitspannen, die Augenblicke, die Sekunden, die sich nicht festhalten lassen.

Schliesslich also Taormina, das irdische Paradies über dem rauschenden Meer, die Insel des Duftes und der

Blüten zwischen Felsen, kleine Lichter am Meer, rötlich erglühend der Ätna. – Nein, jetzt denke an die Heimat; und wenn dies hier hundertmal schöner wäre, denke an dein Vaterland, das Land der fliessenden Wasser, brausenden Wälder und einer bescheidenen, intimen Anmut.

Du kannst nicht irregehen, wenn du das Gesicht zur Heimat wendest.

In Gottes Hand

Man sagt immer: Wenn ihr irgendwohin reist, erlernt die Sprache des Landes, damit ihr besser in die Seele des Volkes und weiss Gott noch was eindringen könnt. Nun, in einem solchen Falle würdet ihr ungefähr so in die Volksseele eindringen, wie wenn ihr nach Nový Bydžov führet; ihr versteht alles dumme Zeug, das sich die Leute erzählen, und stellt ihnen überflüssige Fragen, zum Beispiel, wie der Berg dort heisst oder wieviel Verspätung dieser Zug hat.

Unbeschwert von solchen Interessen, wandere ich durch das italienische Land; meine Fähigkeiten und meine Zeit haben lediglich dazu ausgereicht, die Zahlen auf italienisch zu erlernen (schliesslich auch nur die niedrigeren), und sogar diese Kenntnis ärgert mich bisweilen, denn sie stört meine süsse Ergebenheit in den Willen Gottes. Freilich, in den internationalen Hotels könnt ihr euch auf französisch verständigen; aber es gibt interessantere Orte als alle Hotels der Welt zusammen, und dort hört schon das kosmopolitische Babel auf, da kannst du dich nicht mehr erkundigen noch dich verständigen oder von jemandem etwas wollen; hier verlässt du dich nur noch darauf, dass dir die Leute zu essen und zu trinken geben, dir ein Nachtlager bereiten und dich irgendwohin fahren – wie und wohin, das steht freilich in ihrer Macht und keineswegs in deiner, aber du vertraust dich ihnen an wie ein stummes und machtloses Geschöpf, unfähig, selbst etwas zu wählen, dich zu wehren und zu schimpfen. Und siehe, sie geben dir zu essen und zu trinken, sie kümmern sich um dich, sie bereiten dir ein Nachtlager; du selber nimmst das alles dann mit tausendfach grösserem Dank entgegen, als wenn du es herrisch und umständlich befohlen hättest.

Du pilgerst mit der Einfalt eines heiligen Franziskus. Weil du nicht zu sprechen verstehst, kannst du von den Leuten auch nichts wollen. Ja, sowenig wie möglich zu wollen, das ist die wahre Demut und Ergebenheit des Lebens; nicht mehr fordern als einen Bissen und ein Lager, alles entgegennehmen, wie sie es dir geben, und darauf vertrauen, dass alle es gut mit dir meinen, das ist die bescheidene Sorglosigkeit, die in dir eine ganze Reihe von Tugenden hervorruft. Du bist bescheiden und dankbar, anspruchslos und still, zufrieden und vertrauensselig; dahin sind all dein Hochmut, deine Ohrenbläserei, deine Ungeduld, dein umständliches und egoistisches Herumwählen: Du befindest dich in der Gewalt der andern und infolgedessen in Gottes Hand. Du kannst dich nicht erkundigen, ob dieser Waggon nur nach Caldare oder bis Xirbi oder Bicocca fährt, weil du nicht weisst, wie du es sagen sollst; und du sitzt und verlässt dich darauf, dass »sie« es besser wissen als du und dich an die schönen und bedeutenden Orte bringen. Du suchst dir weder Essen noch Nachtlager aus; du nimmst entgegen, was dir die andern geben, und siehe, sie geben dir das Beste, was sie haben. Du willst zahlen, und sie brabbeln dir eine Ziffer zu; du weisst nicht, ob sie eine Lira fünfzig gesagt haben oder fünfzig Lire, und so reichst du ihnen dein ganzes Geld, damit sie sich selbst nehmen, was sie für angemessen halten. Sie sind sehr brav; sie suchen sich nur eine Lira fünfzig heraus. Ausser dem Kutscher in Posillipo hat mich wirklich niemand betrogen; und damals scharten sich die Einheimischen von Bagnoli um diesen Spitzbuben und machten ihm anscheinend Vorwürfe, als sie merkten, dass ich selbst so gar nicht schimpfen konnte.

Bisweilen gibt es komplizierte Situationen, zum Beispiel wenn man in Salerno erfahren will, ob im Lauf des Tages ein Dampfer fährt. Der Kellner im Kaffeehaus wusste sich mit meiner Frage keinen Rat; und er rief das Volk auf der Gasse zusammen, das Volk setzte sich um mich herum, liess sich einen *caffè nero* bringen und beratschlagte, was ich wohl wissen wolle. Ich sagte ihnen, ich wolle nach Neapel fahren; da nickten sie und berieten von neuem, und dann führten sie mich im Geleit zum Zug, wo ich ihnen zur Erinnerung meine Visitenkarte schenken musste. Manchmal nehmen sie sich meiner an wie eines kleinen Jungen, wie diese Grossmutter in Siena, oder sie reden mit mir in der Kindersprache, in Infinitiven und mit eifrigen Gebärden. Meine Beziehungen zu ihnen sind aussergewöhnlich gut; niemals widerspreche ich ihnen, und sie mir auch nicht.

Glaubt mir also: Mit etwas Einfalt und Geduld könnte man durch die ganze Welt kommen. Im allgemeinen – bis auf wenige Ausnahmen – kann man den Menschen vertrauen; nichts stärkt den Optimismus mehr als diese Erfahrung. Wenn ich Italienisch könnte, wäre ich nicht in den Genuss dieser Erkenntnis gekommen; ich hätte am Ende weniger gesehen, weil ich weniger umhergeirrt und nicht bisweilen in Gegenden gekommen wäre, von denen der *Baedeker* nicht spricht. Man steigt in eine Strassenbahn, die in die entgegengesetzte Richtung fährt; und statt in irgendeinen dummen Park mit **herrlicher Aussicht gerät man in ein Fabrikviertel und streift durch den unaussprechlichen Schmutz beispielsweise von Arenella und ist mehr verblüfft, als wenn man die subtropische Vegetation der Gärten in Palermo bestaunt hätte. Sogar umherirren, sogar stumm sein, sogar machtlos in Gottes Hand sein ist ein grosses Vergnügen und ein grosser Nutzen.

Unterirdische Städte

Ich meine hier zweierlei unterirdische Städte: die verschütteten Städte der Menschen, die einstmals auf der Oberfläche der Erde lebten; und die unterirdischen Nekropolen der Toten. Pompeji, der Palatin, Ostia; und die Katakomben in Rom, Neapel oder auf Sizilien. Vulkanische Asche bedeckte Pompeji mit einer fünf Meter dicken Schicht; ich weiss nicht, wodurch Ostia mit einer drei Meter dicken Ablagerung hübscher brauner Erde verschüttet worden ist; der Palatin hat sich selbst mit seiner Ziegelmasse begraben. Der Hügel Aventin schläft bis jetzt, und unter ihm liegt vielleicht auch so eine unterirdische Stadt. Beinahe überall, wo ihr mit der Hacke scharrt, findet ihr Mauerwerk, Bogen, quaderförmige Grundsteine. Dann nennt man das die Thermen oder den Palast oder das Theater dieses oder jenes Kaisers, und die Leute gehen hin und betrachten es. Manchmal ist es ungeheuer ausgedehnt, ein andermal sieht es ähnlich aus wie unsere Keller; Pompeji und Ostia zeigen euch hie und da die etwas sonnigere Seite des antiken Wohnens, hübsche Häuser, Atrien mit Wasserbassins, den südlichen Luxus von Sonne, Luft und Wasser; in Ostia findet ihr prachtvolle Mosaikfussböden, in Pompeji einige interessante und reizende Fresken, überall dann einen Säulenschaft, ein Kapitell, ein Fragment einer Statue, ein schön geschnittenes Gesims, all dies wie unzusammenhängende Worte oder Verse, die aus der marmornen, funkelnden geformten Sprache der Antike gerissen wurden. Im grossen und ganzen waren diese Städte, diese Gassen, diese von aussen reizlosen Häuser genauso eng und unsauber wie die von heute, ebenso voll von Geschrei, Flöhen, nasser Wäsche, Katzen und Ziegen, Gestank und Abfällen wie irgendein unbekanntes Gässchen beim Tiber. Und inmitten dieses lärmenden, beklemmenden, stickigen Ameisenhaufens gab es ein herrliches Forum, ein Theater, eine Basilika, Tempel, splendide Bäder, Triumphbogen, palastartige Kasernen und andere kaiserliche Gründungen, Prunkstücke und Monumente, wie sie tausend Jahre später andere Kaiser und Päpste zum Ruhme anderer Götter oder Dynastien bauten. Die Welt ändert sich nicht so sehr; in manchem freilich ist die Antike unserer Zivilisation zuvorgekommen, zum Beispiel darin, dass sie die Strassen unerbittlich in Quadraten verlaufend baute, genau wie das heutige Chicago, oder dass sie die standardisierte Wohnungsindustrie erfand, genau wie das heutige Amerika. Mit Erfindungskraft hat man hier entschieden nicht gewuchert. Man könnte sagen, dass der lateinische Geist sehr geradlinig und sachlich war, dass er an privatem, wenngleich sehr handwerklichem Luxus und an einem noch grösseren Pomp öffentlicher Unternehmen Gefallen fand; ein sehr wenig schöpferischer Geist mit einer Vorliebe für das Harte und Standardisierte, anfällig für barocke Ausdehnung und Überladenheit, eher quantitativ als qualitativ, künstlerisch im ganzen auffallend unergiebig. Für diesen trockenen und stolzen Lateiner also schufen die hellenistischen Griechen, eine Art bessere

Stukkateure, mit dem Meissel ihre unglaublichen Kunststückchen in funkelndem Marmor; sie hauten immer malerischer, schwungvoller, barocker, als ob ihnen das Material gar keinen Widerstand entgegensetzte; aber der gelangweilte Lateiner, ebenso unbefriedigt von den Kolossalstatuen der Cäsaren wie von der zartesten Luftigkeit der hellenistischen Reliefs, beginnt die strengen, starren ägyptischen Statuen zu kaufen und in eigentümlichen Kapellen dem Mithraskult zu huldigen. Schaut euch in den römischen Museen an, welche Menge ägyptischer Plastiken die alten Römer herbeigeholt haben.

Nun, in diese römische Welt gerät das Christentum und bricht ihre Tradition mit einer höchst sonderbaren Kraft. Zuerst kriecht es unter die Erde und gräbt dort Katakomben; der Legende nach geschah das wegen der Verfolgung – aber mein Lebtag habe ich noch nichts über eine Christenverfolgung zum Beispiel im sizilianischen Siracusa gelesen, und doch gibt es dort die grössten Katakomben. Eher erwacht hier irgendeine weit ältere unterirdische Tradition der Urbewohner; zumindest auf Sizilien gibt es riesige Höhlennekropolen aus der Zeit der Sikuler, Nekropolen, die ganze Gebirge in vollständige Felsenwaben verwandelten. Und sehen wir uns die Calixtus-Katakombe oder Sant'Agnese fuori le mura an; das ist durchaus kein unterirdisches Versteck für einen flüchtenden Menschen, sondern das komplizierte Werk eines Maulwurfinstinkts; und die alten Kirchen stecken wenigstens mit der Krypta die Wurzeln in die Erde. Es erzählen ja auch die kabylischen Sagen, dass der Urvater und die

Urmutter des menschlichen Geschlechts aus der Unterwelt kamen. Richtig, die christliche Kunst knüpft in ihren Anfängen breit an den handwerklichen lateinischen Stil an; aber der wird hier gleich »verdorben«, vereinfacht, er bekommt allmählich eine weihevolle Bewegungslosigkeit, eine tektonische Gliederung, eine strenge plastische Reinheit, so dass der Übergang von der lateinischen zur frühchristlichen Kunst eher alle Zeichen eines Bruches als einer Entwicklung trägt. Es ist, als ob hier nicht nur ein neues kulturelles, nicht nur ein soziales, sondern geradezu ein ethnisches Element folgte; als ob sich wieder ein urvolkstümliches Material meldete, das von der trokkenen lateinischen Zivilisation nicht assimiliert werden konnte. Ich möchte sagen, dass mit dem Christentum wieder irgendwelche unterirdischen Morlocks auflebten, die, von denen Wells spricht: ein Volk, das aus seiner Unterwelt die Freude an Schatten, an geschlossenen und stillen Räumen, strenger Intimität, unbeweglichen Formen mitgebracht hat. Das Christentum gibt ihnen Inhalt und bildliche Vorstellungen, die vergröberte Antike die formalen Elemente; und diese primitive, unausgeschöpfte Volkstümlichkeit, die in der lateinischen Welt nicht zu Wort kommen konnte, spricht, bildet, singt nun endlich; aus musivischen Steinchen legt sie heilige und anmutige Mosaike, die die Kunst des Halbdunkels sind; sie verengt die römische Basilika zum geschlossenen Schiff, sie findet rasch ihren Skulpturstil, und sobald sich eine Gelegenheit bietet, reicht sie den nördlichen Barbaren die Hand und empfängt von ihnen die romanische Architektur.

Verzeiht, ich bin ein Laie und schreibe dies wie einen Roman; vielleicht sind dies entweder fachliche Ungereimtheiten oder seit hundert Jahren bekannte Dinge. Aber ich muss das, was ich sehe, in einen Zusammenhang bringen; der Umsturz, den das Christentum in der römischen Welt bedeutet, beunruhigt und reizt mich wie nur wenige romantische Phänomene unter der Sonne. Unwissenheit ist keine Sünde.

Die Antike

Es gibt Leute, die ein Verhältnis zur Antike haben (manche haben sogar ein Verhältnis mit der Antike), und andere, die sich erst ein Verhältnis zur Antike erwerben. In diesem zweiten Falle ist der Verlauf etwa folgender: Wenn sie zum erstenmal in ein grosses Depot der Antike kommen, sagen wir in die Vatikanischen Museen, die Thermen oder das neapolitanische Museum, verweilen sie anfangs anbetend vor jeder Statue und flüstern sich ergriffen irgendein klassisches Zitat zu, zum Beispiel »*Caesar pontem fieri iussit*«. Nach der ersten halben Stunde beschleunigen sie unauffällig ihren Schritt. Nach einer Stunde durchwandern sie die folgenden Säle in schneidigem Marschtempo. Und nach weiteren fünfzehn Minuten wünschen sie sich ein Fahrrad.

Das zweite Stadium stellt sich ein, wenn der Wanderer neun Sokratesköpfe wie Marmeladengläser auf einem Gestell aufgereiht sieht, sieben Homere, dreizehn Hadriane und die zwanzigste Venus vom Praxiteles-Typ; dann beginnt er zu begreifen, dass er zwischen Steinmetzerei und Bildhauerei unterscheiden muss. Und wenn er alles gesehen hat, stellt sich endlich die Erkenntnis ein, dass es eigentlich keine Antike gibt; dass dies nur ein Wort ist, das so verschiedene Dinge bezeichnet wie, sagen wir, Cimabue und Langhans. Mindestens so gross ist der Unterschied zwischen den Metopen von Selinunt in Palermo und irgendeinem Porträt des Caracalla.

So gibt es vor allem einen beträchtlichen Unterschied zwischen der griechischen und römischen Bildhauerei; dabei bedeutet das Wort »griechisch« überhaupt nichts, denn man kann nicht den archaischen Apollon und den pergamenischen Barock mit einem einzigen Wort bezeichnen. Behauptet jemand, er vergöttere die Antike, so sagt er damit, dass er Steine und nicht Statuen gesehen hat. Es lässt sich nicht in einen einzigen Geschmack zwängen; man muss sich das Seine aussuchen und dem übrigen gegenüber wenigstens Höflichkeit bewahren. Dass alles Marmor ist, bedeutet noch nicht, dass alles gleich ist.

Wenn also der Wanderer gewahr wird, dass es keine summarische Antike gibt, gewinnt er als Ersatz dafür die Erkenntnis, dass hier eine ungeheure Kraft anderer und sehr interessanter Phänomene waltet. I. Vor allem finden sich hier die archaischen einheimischen Künste, namentlich die etruskische, die stark und schwerfällig ist, die sikulische, von der sehr hübsche, naive kleine Urnen geblieben sind, eine Art Tonhäuschen mit idyllischem Relief, und die echte dorische Kunst der sizilianischen Kolonisten: die brauche ich vielleicht nicht zu rühmen. II. Dann gibt es hier den griechischen Import, der mit dem eigentlichen Italien soviel gemein hat wie etwa mit dem Kensington Museum; die Römer führten Statuen und Bildhauer ein; die Statuen blieben in ihrer ursprünglichen Schönheit erhalten, doch die Bildhauer liessen grösstenteils nach. Man findet den attischen, argivischen und rhodischen Stil, den pergamenischen, hellenistischen und noch manchen anderen, und prächtige Werke, Kopien und Fragmente, für die ich den ganzen *Laokoon* mitsamt dem *Sterbenden Gallier* und dem *Farnesischen Stier* hergäbe und noch manches dazu, was ich besitze oder was man mir leihen würde. III. Ausserdem wurde hier die griechisch-römische Grosssteinmetzerei mächtig, aber da hatten sich auch schon die Römer oder sonst ein Volk ans Werk gemacht, und sie meisselten, dass es um sie herum nur so staubte; es ist eine fürchterliche Dutzendware, eine Massenproduktion, ein maschineller Betrieb, Handwerk, Virtuosität, Kraftmeierei, Realismus und Barock, aber ihr findet auch (gewöhnlich in den Lapidarien) kleine Werke, aus denen euch die volkstümliche Frische, die Einfachheit und das Land mit seinen Gärten, Oliven, Salbei und Brünnlein anhaucht. IV. Schliesslich gibt es hier also die eigentliche römische Bildhauerei, hart, naturalistisch, porträthaft und sachlich: Kaiser, Ringer, Matronen und Bestien, Bronze, bunter Marmor, Circus, Politik und nüchterne Wirklichkeit: eine materialistische Kunst, imponierend und streng, überreif und verdorrend. V. Und in all das strömt noch hie und da eine neue Inspiration ein: zum Beispiel wenn sich die Möglichkeit zeigt, die Wände mit bunten Bildchen zu bemalen, und auf einmal malen ganz andere Hände als jene, die den Meissel geführt haben, keine kraftvollen Hände, sondern genusssüchtige und zärtliche malen die leichten kleinen Fresken in Pompeji, diese träumerischen und schmächtigen Architekturen, diese zitternd angehauchten Landschaften und Figürchen von der Unkörperlichkeit eines

Schmetterlings; oder im Gegenteil, da ich nicht weiss, welcher Thraker oder Barbar die ungeheure Grobheit der Caracalla-Mosaike schuf, diese fürchterlichen Muskelsäcke und zottigen Kohlrüben, die die *heavyweights* des römischen Circus darstellen, ein stumpfes und brutales Werk und doch in seiner schweren Formensprache wegweisend für die kommenden christlichen Mosaike. Aber selbst die römischen Sarkophage, diese Elefantenbottiche mit dichtem, plumpem, gebohrtem Relief, zeigen, wie wenig hellenischer Saft die harte römische Schale durchdrang. Und schaut euch die Reliefs auf dem Bogen des Severus oder des Konstantin an; das ist geradezu ein Atavismus der Schwerfälligkeit, hier blättert der importierte Bewurf der hellenischen Kultur schon gänzlich ab. Nur einen Schritt weiter, und wir sind im Lateranmuseum: Die halbbarbarische Kunst geht in christliche Primitivität über.

Und so findet der Wanderer an Stelle der Antike allerlei Völker, an Stelle universaler Schönheit elementare und unbewusste Stammeskräfte; holla, auch diese Erkenntnis ist etwas wert; ja wahrhaftig, denn sie zeugt von einer ungeheuren ethnischen Stärke. Was immer es auch tun mag, ein Volk kehrt am Ende unwillkürlich und instinktiv zu sich selbst zurück und erneuert sich durch sich selbst.

Denn sonderbar und mächtig ist die Kunst schlechthin.

Aus Rom

Bei meiner Ehre, ich liess kein berühmtes Denkmal aus und keinen Triumphbogen, ich schenkte mir kein Museum noch die Thermen, noch das Mausoleum, doch ich werde euch lieber von bescheideneren Orten erzählen; ich habe nun schon mal diese Pilgermanie, und wenn ich nur sitzen und nichts mehr anschauen wollte, fand ich es hübscher, beim heiligen Laurentius und seinem kleinen Springbrunnen zu sitzen, als im Schatten des Kolosseums, wo ein aufgescheuchter Fremdenführer wasserdichten Engländerinnen erklärt, wohin das Wasser geflossen ist und wo man die historischen Löwen losgelassen hat.

Über Santa Prassede und Santa Pudenziana habe ich schon geschrieben; ich gedenke euer noch einmal, ihr goldenen Mosaike, denn ich fand noch schönere und heiligere in Santi Cosma e Damiano, wo kein Mensch hingeht, wo niemand war als die Orgel, auf der unsichtbare Hände präludierten; zwischen zwölf Schäflein ein dreizehntes, das ist Christus; das Schäflein auf dem Buch mit den sieben Siegeln, das ist er und noch einmal er in himmlischer Glorie; denn damals machte man vielleicht noch nicht die Kreuze mit dem toten und grauenerregenden Christus. Die Heiligen sind mager, sie haben zarte Hände und furchtbar grosse, ernste Augen; die heiligen Petrus und Paulus führen sie zu Christus, der sie mit einem ebenso grossen und traurigen Blick empfängt. Was ich über Santa Maria in Trastevere sagen soll, weiss ich nicht, denn ich habe mich in Trastevere in das dort ansässige Volk verguckt; das ist so eine Art Römer Kleinseite, eine Welt der kleinen Leute, der kleinen Plätze und kleinen Kinder; die Leute sitzen ernst vor ihren Türen, und romanische Lämmer mit süssen Augen reiben sich an ihren Knien. Sant'Agnese fuori le mura liegt sehr weit weg; sie hat Katakomben und Mosaike und antike Säulen, aber das Hübscheste von allem ist der Innenraum selbst, und die Wände mit den Säulen, Emporen und Fenstern ganz oben, das ist eine überaus schöne und kluge Gliederung. Und dann gibt es dort die Rotunde Santa Costanza mit wunderschönen Mosaiken auf weissem Grund, wo die Englein blaue Trauben pflücken, abwiegen und treten; das hat noch die volle römische Tradition, doch zugleich ist es irgendwie kindlich, von einem naiven Ernst wie die ersten christlichen Skulpturen, bei denen auch fast nur die Augen von dem neuen Volksglauben sprechen.

Wenn aber eure Seele traurig und nachdenklich ist und der Tag voll goldener Glut, wenn euch schon alles einerlei ist und ihr euch der Stunde oder dem Schicksal hingeben wollt, dann geht nach San Lorenzo fuori le mura. Nicht deshalb, weil dort eine hübsche und sogar doppelte Kirche steht, die aus den edelsten griechischen Gesimsen und Säulen zusammengesetzt ist, sondern weil es dort einen Klosterkreuzgang gibt, ein kleines romanisches Kreuzgänglein mit einem Gärtchen und einem Springbrunnen. Ein steinalter Kitschmaler aquarelliert aufmerksam eine armselige Miniatur, irgendein Frater stochert mit dem Finger in der Erde herum und spricht mit sich selbst wie der Springbrunnen, und das ist alles. Die Wände sind mit Platten aus Katakomben beklebt; irgendein Relieffragment, Fisch oder Lamm, kindlich hingezeichnet, und hauptsächlich eine Menge Grabinschriften. URSUS VIXIT AN XXXXI. Ein gewisser Ursus lebte einundvierzig Jahre; und du, du lebst erst dreiunddreissig. IRENE IN PACE. LAVRITIO CONG BENE MERENTI UXOR. Dies hat die Gattin dem verdienstvollen Lauritius ausmeisseln lassen. *Bene merens,* das ist das ganze Lob; er war brav und hat sich Verdienste erworben; muss man denn von einem Menschen mehr verlangen? Auch du sei *bene merens.* CHERENNIUS VETERANUS. Dieser hier lebte anscheinend sehr lange und starb einsam; denn niemand schrieb ihm eine Widmung dazu. An anderer Stelle steht nur »Die Kinder und Freigelassenen«. Siehe, das Ende der antiken Pracht; statt Cäsaren und Göttern kommen diese *bene merentes,* diese Bäcker, Krämer und Metzger, und empfehlen sich der Ewigkeit mit ihrem plump auf Steinplatten eingemeisselten Namen. Lauritius war weder ein Cäsar noch ein Held, noch ein Konsul; er war nur *bene merens;* nichts als christliche Schlichtheit hat seinen verdienstvollen und bescheidenen Namen für immer und ewig aufbewahrt. Seht, gerade darin erkenne ich eher den Sinn des Christentums als in der heidnischen Grösse der Peterskirche. Und deshalb fühlt man sich so wohl in diesen roten Kreuzgängen bei San Lorenzo.

Süsses Umbrien

Nicht dem heiligen Franziskus, sondern dem heiligen Giotto zuliebe fuhr ich hin; am Ende umarmte mich das reizvollste aller Länder mit den saubersten und hübschesten aller Städtchen. Ei, Bethlehem, dein Name ist Spello oder Trevi – oder Spoleto oder Narni? Ich sage euch, ihr gesegneten Hügel, auf jedem von euch wäre Gott gerne geboren worden: und da habe ich noch nicht einmal alle Namen genannt, ich weiss auch nicht, wie die Dörfer und die Einöden und die kleinen Burgen auf den Gipfeln der rundlichen Hügel heissen. Der umbrische Gott schuf die Ebene, damit Weinstöcke und Pappeln darauf wachsen, Hügel, damit krausköpfige Haine, Zypressen und Einöden darauf wachsen, und Berge, damit Städte samt etruskischen Wällen, gotischen Häuschen und einem riesigen römisch-romanischen Kastell sich auf ihnen erheben. Der umbrische Gott hatte ein herrliches Blau für den Himmel und eine noch schönere Farbe, mit der er dann Weiten und Berge anmalte. Deshalb ist Umbrien so wunderbar blau, das blaueste aller Länder.

Assisi, du Stille, du himmlische Bläue! Ja, es ist ein grosser und heiliger Festtag, an dem man gewahr wird, wie Giotto den heiligen Franziskus gefeiert hat, den er wohl sehr liebte; denn er malte von ihm kluge, anmutige, unendlich sanfte Bilder. Ach, warum behexte mich neben ihnen der wilde, grosse Cimabue! Und da er mich schon behext hat, warum blieb er so geheimnisvoll und unerkennbar verschleiert hinter dem Mantel der Zerstörung, der seine sonderbaren Fresken verhüllt! Es fiel mir schwer, in San Francesco zwischen dem klaren Giotto und dem merkwürdigen Cimabue nicht zu schwanken; doch kaum aus dem Kirchenschatten hinausgetaumelt, war ich verloren; verschlungen vom Licht; überwältigt von der Bläue; geblendet, betäubt von der Stille; verzaubert von der Aussicht. Stellt euch Bethlehem in nachmittäglicher Glut vor; lauter Würfel aus unverputzten Steinen, gotische Fensterwölbungen, Erker, Bogen von Haus zu Haus und dazwischen die blaue Tiefe von Land und Himmel. Im dunklen Schatten der Flure nähen die Frauen oder arbeiten die *bene merentes;* es ist wie auf Giottos Bildern. Mit Sack und Pack ist es das vierzehnte Jahrhundert: und sauber, als ob der Erdboden mit ausgebreiteten Gewändern und Palmenzweigen gefegt worden wäre. Rechts und links gibt es statt Gassen Stiegen mit lauter Bogen; und überall seht ihr dem Herrgott direkt in die Fenster oder geradewegs hinunter in die liebliche umbrische Ebene voller Bäumchen, Alleen, weisser Würfel und Bläue. Und deshalb schnell, schnell weg von hier! Damit dies alles ein flüchtiger Traum bleibe, der nicht lange währt.

Wohin bist du geflohen? Auch Perugia ist ein Traum, eine Vision und ein Bethlehem zwischen blauem Himmel und blauem Land; ein etwas grösseres Bethlehem, ein Städtchen mit Palästen und Festungshäusern, etruskischen Toren und wunderbaren Ausblicken. Mein Gott, wie hier die Sonne hinter den blauen Bergwellen untergeht! Und wie sie den Wanderer blendet, wenn er zum herrlichen Oratorium des Duccio pilgert! Du hattest bisher weder für Perugino noch für Pinturicchio viel übrig; ihre Anmut schmeckte dir zu süss und zu träumerisch; nun merkst du, dass dies gerade die Lieblichkeit dieser sanften, unheldischen Gegend ist, dieses holdseligen Hügellandes, des grünsten und azurblauesten von ganz Italien, dieser rundlichen und zärtlichen Berglein; das waren Umbrer, und du bist etwas anderes, dein Land ist schwerer, erinnere dich nur an deine Gegend; mein Gott, die Welt ist auf tausenderlei Art schön, aber diesem umbrischen Land wurde ein besonderer Liebreiz verliehen. Er sei ihm vergönnt, und nun wieder weiter!

Aber ich muss noch in Arezzo Station machen, damit mich der feine und strenge Piero della Francesca mit seinen Fresken erfreut. Er ist ein weltlicher Geist, doch erfüllt von edler Zurückhaltung; sogar seine kämpfenden Waffenträger schlagen mit einem stillen und streng melancholischen Gesichtsausdruck aufeinander ein. Jedoch seine Königin von Saba mit ihren Hofdamen, seine Jungfrau Maria mit dem Engel, das sind zarte, züchtige Kastellaninnen mit hohen und bleichen Stirnen, weichen und anmutigen Bewegungen und einer eigentümlichen Erhabenheit; eine gewisse sanfte Bangigkeit umhüllt diese exakten, etwas trockenen, mir besonders teuren Werke.

Um mich für meinen Besuch in der greulichen Glut einer Vorgewittersonne eigens zu belohnen, zeigte mir Arezzo noch einige von der fürchterlichen Welle des katholischen Barocks kaum berührte Kirchen und seine antike aretinische Spezialität im kleinen Museum: sehr unsittliche Bildchen im Innern falber Gefässe. Wozu dies diente, weiss ich nicht. Denn noch heute gibt es hier hübsche Mädchen mit Eidechsenaugen.

Falle nur herab, Regen, himmlisches Wasser, und benetze mein nördliches Herz, du erfrischende Kühle. Denn so ist gut ausruhen.

Wohin ich auch auf meiner Wanderung durch dieses italienische Land kam, mit besonderer Sorgfalt habe ich nach etruskischen Andenken gesucht; denn das etruskische Volk beunruhigt mich in gewisser Weise. Es waren stämmige Leute mit dickem Hals und Ochsenblick; sie schufen schwarze Vasen in einer etwas schweren Formensprache und seltsame Grabmäler, auf denen die Statuen der Seligen in einer Art Schneckenstellung liegen. Sie waren wohl die Ruhe und Gutmütigkeit selbst; mich beschäftigt es, dass auf den christlichen Grabmälern dann dieser kurze, dickhalsige Typ mit viereckigem Kopf und robusten Gliedern wiederkehrt. Damals war vielleicht die Toskana ein trauriges und strenges Land wie etwa Sizilien heute; dafür nun jetzt her mit allen Wörtern, die sagen, dass etwas lieb, angenehm, anmutig, reizend, entzückend, schön, herrlich und holdselig ist! Burckhardt spricht davon, dass die Toskana die Frührenaissance schuf. Ich aber denke, dass die Frührenaissance die Toskana schuf: im Hintergrund blaue und goldene Berge, vor ihnen Hügel, die nur darum errichtet wurden, damit auf jedem eine Burg, ein Schloss oder eine kleine Festung stehen kann, dann zypressenbepflanzte Abhänge, Pinienhaine, Eichenhaine, Akazienhaine, Rebengirlanden, saftige und bläuliche Geflechte aus der Werkstatt der Della Robbia, blaue und grüne Flüsschen, wild und köstlich: Genauso haben es Fra Angelico, Fra Lippi, Ghirlandaio, Botticelli, Piero di Cosimo und all die anderen gemalt, und glaubt mir, dass sie diesem Land jene köstliche Fülle gaben, sanft und malerisch, und daraus ein Bilderbuch machten, auf dass wir darin voller Vergnügen, lächelnd und mit klaren Augen blättern … bis uns etwas anderes verblüfft, Donatello, Masaccio, eine geheimnisvolle und düstere, strenge und tiefe Menschlichkeit. Dann spricht schon nicht mehr die Landschaft, sondern der Mensch.

Und doch hat diese liebliche Toskana lange und heftig mit allen Nachbarn gekämpft: mit den Aretinern, mit Siena und Pisa … da bin ich also glücklich bei Pisa angelangt. Pisa ist eine durch und durch angenehme Stadt; vor mehreren hundert Jahren war es eine Hafenstadt, infolgedessen stinkt es noch heute. Schon in Palermo habe ich über den Charakter und die Komplexität des Hafengestanks nachgedacht; ich glaube aber, dass ich dabei wichtige Bestandteile vergessen habe, so den Urin, die Fischeingeweide, den Fusel und verschiedene Geheimnisse der südlichen Küche, nach denen eingehender zu forschen ich nicht wage. Sonst ist Pisa allgemein bekannt durch seinen Schiefen Turm; nun, es hat noch einen zweiten, und zwar bei San Nicola. Grösste Pracht und Spezialität Pisas ist seine hübsche Säulenarchitektur, eine solch glückliche Sucht nach leichten Arkaden, die ganze Wände mit ihrem freundlichen Rhythmus überdecken; nicht einmal im Innern bekamen die Pisaner die

Säulen und Säulchen satt, sie bauten eine fünfschiffige Kirche und oben noch eine Galerie mit Arkaden, alle hübsch gestreift und für die Augen eine Wohltat. Doch der noch grössere Ruhm Pisas sind seine Skulpturen, und ich bekenne, dass mich Giovanni Pisano behext hat. Ihr Historiker, gebt nur ruhig Nicola Pisano, der die antiken Musen wiedererweckt hat, den Vorzug; ich aber habe mich in den leidenschaftlichen und rauhen Giovanni verguckt, der mich an Donatello erinnert, in den Giovanni, der sich heftig in die menschliche Natur, bis zu ihrem Schmerz und Schrecken, vertieft hat. Und wenn ich mich von diesem erregenden Anblick ausruhen muss, gehe ich zu Bonanno, setze mich beim Kirchentor nieder und schaue mir seine heiligen Reliefs an, die so christlich und friedlich wie ich weiss nicht was sonst auf der Welt sind. (Damit ihr nicht sagt, ich sei vom Christentum besessen, erzähle ich euch noch etwas anderes: Hier in Pisa beim heiligen Stephan gibt es muselmanische Fahnen, Trophäen aus dem Krieg gegen die ungläubigen Hunde. Davon sind drei oder vier so wunderschön, dass ich in diesem Augenblick die Hälfte der berühmtesten Bilder vergass, die niemals zu vergessen ich mir vorgenommen hatte.)

Weiter gibt es in Pisa den Camposanto, einen Friedhof, der rundherum mit hübschen und lehrreichen alten Fresken bemalt ist. Auf einem von ihnen ziehen Engel und Teufel den Erdenkindern die Seelen aus den Leibern; die Seelen sind wohlgenährt, richtige dicke Knirpse, und so müssen die Sterblichen bis zum äussersten den Mund aufsperren, damit die Seele hinauskann. Und noch vieles gibt es hier zu sehen; aber Giovanni Pisano hat mich am meisten bezaubert.

Genua und Mailand

Verschiedenen Berichten zufolge ist die sogenannte Riviera di Levante ein herrliches Küstenland und weltberühmt, wofür die Namen Rapallo, Sestri, Portofino, Nervi usw. bürgen. Ich kann das nicht gut beurteilen, denn der Zug durcheilt diesen paradiesischen Landstrich ausnahmslos unter der Erde, in lauter Tunnels, bis nach Genua. In Genua kam ich endlich an die Erdoberfläche und fand hier eine erstaunlich hügelige Gegend vor, was den Genueser Gassen einen ungewöhnlich launenhaften Verlauf gibt; ihr geht in der Hoffnung hinunter, dort das Meer zu finden, und statt dessen habt ihr eine *salita* vor euch, die in eine geheimnisvolle Höhe klettert. Sonst sind hier lauter Stiegen, Aufzüge, Seilbahnen, Tunnels und Überbrückungen, weiter eine Menge Paläste, die statt Höfen und Gärten lauter Portiken haben und Stiegenhäuser, die hinauf- oder herunterlaufen, was demnach eine Genueser Spezialität ist, und schliesslich ist da der Hafen, ein riesiger, überquellender, vollgestopfter und bewundernswerter Hafen, an dem ihr euch weder aus der Nähe noch aus der höchsten Höhe des Castellaccio satt sehen könnt. Das ist ein überfüllter Kuhstall, wo eine eiserne oder hölzerne Kuh neben der andern brüllt, Wasser lässt, Kohle und Eisen wiederkäut, sich drängelt, schnaubt, ungeduldig stampft, sich vollsaugt und in See geht; transozeanische Kühe sind hier, schwarze und rote, zum Platzen vollgefressene, und schöne grosse Segelschiffe, und

Bremsen von Dampfern, die um dieses Grossvieh herumsummen, und dicke Schleppboote gleich schlafenden Mutterschweinen, und Kähne wie Mücken, Fischereisegler, weisse, messingfunkelnde Linienschiffe, Schlote, Maste, Rahen, ein verwirrendes Dickicht aus Mastbäumen und Tauen, ein Hafen so unerschöpflich und primitiv, so reich und mittelalterlich wie ganz Italien. Und verzeiht mir schon, dass ich über Genua so wenig zu sagen weiss; ich war hin und weg von dieser Hafenschau und weiss nur noch, dass die Schutzleute hier lange Kaftane und Stöcke statt Gummiknüppeln tragen, dass Genua in der Geschichte einen sehr schlechten Ruf hatte und dass es hier an Stelle des Himmels nur Leinen voll schmutziger Wäsche gibt; die Gassen sind so eng, dass jemand, der einen Korb auf dem Kopf trägt, schreien muss, wenn er vorbeiwill, damit die Leute ihm Platz machen. Und diese Marmorpaläste, ob sie Doria, Balbi oder Cambiaso heissen, sind heute durchweg von Banken in Besitz genommen; und ich werde nicht auseinandersetzen, was ich darüber denke, das fand ich aber überall. Dieses Schicksal erwartet gewiss auch die Kirchen; hinter den Seitenaltären werden die Kassierer und die Prokuristen sitzen, hinter dem Hauptaltar dann der Herr Vizedirektor selbst; der Generaldirektor wird natürlich noch höher residieren, zur Rechten Gottvaters des Allmächtigen.

Weiter sah ich einen babylonischen Turm, auf dem die Sprachen von fünf Jahrhunderten durcheinandergeraten sind; es ist der Mailänder Dom. Von weitem sieht er aus wie ein riesiges Stück Antimonblende, die in solchen dünnen Nädelchen kristallisiert, oder wie eine ungeheuer grosse Marmorartischocke; jedes Nädelchen ist ein Türmchen oder eine Fiale, und wenn man es aufknackt, ist es innen voller Statuen und oben mit einer Statue, was ihr nur sehen könnt, wenn ihr aufs Dach hinaufkriecht; solcher Statuen gibt es aussen allein 2300, wie der in Ziffern immer massvolle *Baedeker* angibt, aber ich glaube, er zählt die Figuren nicht mit, die allein im Relief stehen. Er ist eine der grössten Verirrungen, die ich je gesehen habe, aber auch euch wird er verwirren durch seine extensive Manie; die Statuen sind nicht viel wert, die Strebebogen dürr, die Nadeln und Türmchen sinnlos, doch es ist von allem so viel da, dass du am Ende völlig von dieser phantastischen, verrückten, gespenstisch weissen Unmässigkeit umgarnt wirst.

Aber es gibt auch hier schattige, ehrwürdige und trostbringende Kirchen, so Sant'Ambrogio oder San Lorenzo, wo noch recht viel von den rothaarigen Langobarden erhalten geblieben ist, andere wieder ganz bemalt vom süssen Luini, noch andere hübsch und streng bramantesk, aber das alles hat nichts mit dem heutigen Mailand zu tun. Mailand, die volkreichste der italienischen Fürstinnen, legt wohl Wert darauf, ein kleines London zu sein. Deshalb gibt es hier so viele Droschken, Autos, verfluchte Fahrräder, Lärm, Banken, Kolporteure, Strassenbahnen, Marmorklosetts, Leuchtreklamen, Menschen und Verkehr und schwarzbehelmte Schutzleute, die wie Bestatter aussehen, und Geschäfte, Hupen, Eile und alles mögliche sonst noch; das Volk ist hier gottlos, es heiligt nicht die Feiertage und achtet nicht andere Traditionen, wie den Lazzaronismus, die Bettelei und alles Malerische, weder schläft es auf dem Gehsteig, noch hängt es seine schmutzige Wäsche in die Gassen, es schlägt nicht auf die Tiere ein, es näht nicht die Schuhe mitten auf der Strasse, es singt keine Barkarolen, kurz, es tut nichts Pittoreskes; und siehe, trotzdem atmet es sich hier leichter, auch wenn es nicht mehr die echte Luft ruhmreicher Vergangenheit ist.

Das Meer

Adriatisches, Tyrrhenisches, Afrikanisches, Ionisches, Ligurisches; blaues, grünes, stahlgraues, perlmuttfarbenes, goldenes und schwarzes; totes, schlummerndes, brausendes und schäumendes; dass du keines deiner wechselvollen Gesichter vergisst. Sprich nicht, versuche nicht vom Spiel der Wellen zu erzählen; beinahe hättest du am Strand von Rimini geweint, so furchtbar bang war dir nach allem auf der Welt, als Welle nach Welle sich zu deinen Füssen brach, ihren regenbogenfarbenen Schaum niederlegte und dann Speichel und Trübe daraus wurde, und du sammeltest die Muscheln und dachtest an alles, was ist und was war. Und das Wasser von Sorrent, das blauer ist als jedes andere auf der Welt, und in Salerno das Meer, das dir mit seinem grausamen Glanz, einem mächtigen Feuerschwert, die Augen durchstach, das Wasser in Genua, das nach Fässern stinkt, und in Ostia, wo es glühend weiss ist, und das regenbogenfarbene Meer dort unten bei Girgenti, in Wahrheit ein hochheiliges Meer der Galateia, denn ich selbst erblickte dort etwas Wundervolles, aber es war allzu weit; die Strasse von Messina, ganz dicht bestreut mit Lichtlein zu beiden Seiten, und das Meer bei Arenella, wo die Felsen golden sind und schwarze Kühe ins Wasser steigen, und unter Taormina, wo der Strand eine so seltsame Arabeske vollführt, dass du sie stundenlang betrachten musst und es doch nicht begreifst, und Stellen, die du nicht mehr mit Namen nen-

nen kannst und wo die fürchterliche Bläue, die Hitze, das herzzerreissende Gebrüll der Esel, die reifenden Orangen und das hurtige Rutschen der Eidechsen sich zu einem beinahe unzumutbaren Eindruck mischen, der mit dem Gestank von Mist und Minze gewürzt ist.

Aber das ist noch nicht alles: Es gibt hier auch russgeschwärzte Fischer, die bis zum Nabel im Wasser waten und Netze schleppen; andere, die die Segel der schwarzen Schiffe einziehen und Körbe mit Fischen heraustragen, und wieder andere, die du mit der hellen Sichel ihres Segels den Horizont schneiden siehst und die du gern begleiten möchtest; weiter die Häfen, von den grossen, in denen es wie in einer Fabrik hämmert, bis zu den Fischereihäfen, wo fauliges Wasser die algenbewachsenen Bäuchlein der Segelboote umspült, wie in der herrlichen und stinkenden Cala von Palermo, ja bis zu den allerkleinsten Buchten zwischen Klippen, wo ein einziger Kahn schaukelt, dass dir ganz traurig zumute wird. Dazu zähle noch die Fische auf den Märkten, glitzernde und regenbogenfarbene Fischlein, silberne Sardinen, in Palermo die geviertelten Seebullen von einer Tonne Gewicht, abscheuliche Kalmare, diesen Speichel und Schleim, den sie in Neapel essen, schwarze Aale, Fische, so weiss wie ein Frauenarm, auch goldene, blaue und rote, und allerlei schrecklich schönes Seegetier, das dich im Aquarium von Neapel bezaubert hat: safrangelbe Anemonen, Schleiertänzerinnen, unförmige, regenbogenfarben angelaufene Gurken, Crookes-Röhren, wie aus Nebel gewebt, durch die ein regenbogenfarbener Strom pulsiert, Meeresrosen, ähnlich dem After eines Hundes, Einsiedlerkrebse, diese grässlichen Raufer, Seezungen, die herrliche Kurven beschreiben, Bestien und Blüten, Geschöpfe, die dich an allem irre werden lassen, was du je im Leben gedacht hast.

Aber das Schönste und Seltsamste von allem ist das Wasser, das hinter dir verfliesst.

Verona

Erlaubt, dass ich jetzt alles Schlechte über Welschland sage, das ich dort gefunden habe: Es ist zu heiss und zu teuer, es gibt viele Spitzbuben und Flöhe, einen fürchterlichen Krach, lauter Barock, Kutscher wie Banditen, Malaria, Erdbeben und noch viel schlimmere Übel; und all das verrate ich aus Rache. Jämmerliches Mantua, Geburtsort Vergils und Grab Mantegnas! Elendes Nest, wohin ich den Weg wagte, um mir die Fresken des grossen, strengen Lieblings Mantegna anzuschauen! Ist es menschlich und christlich, mir den Eintritt in die ersehnte Camera degli Sposi nur deswegen zu verwehren, weil irgendein (ich weiss wirklich nicht, welcher) nationaler und patriotischer Feiertag ist? Hartnäckiger *custode,* der du dem verführerischen Rascheln meiner Banknoten widerstandest! Gefühlloser *direttore,* der du mit dem Ausdruck unendlichen Bedauerns die Schultern zucktest und dich nicht einmal durch meine Drohungen bewegen liessest! Langweiliges kleinstädtisches Mantua, wo drei Burschen mit einer Fahne herumrannten und die widerlichsten Gassen dieser Welt belebten! Und du, italienisches Land, das du mir auf meiner kurzen Pilgerschaft wenigstens sechs Nationalfeiertage bescheertest, wodurch ich von den Toren der Denkmäler Ravennas, von der Schwelle der Umbrischen Schule in Perugia und von allen irdischen Schönheiten Neapels davongejagt wurde – ich sage, zuviel von allem schadet; und Mantua hat meine Geduld vollends erschöpft. Nie möge mehr der Fuss eines Fremdlings Mantua betreten! Damit ihr es nur wisst, zu alldem sind dort die Betten schlecht, das Essen nicht besonders und die Leute unangenehm.

Nachdem ich mich so gerächt habe, kann ich wieder mein Knie vor der ehrwürdigsten Kirche des heiligen Zeno in Verona beugen. Der Hauptstolz von Verona ist zwar Paolo Veronese, das Römische Theater, Morone, die Scaliger und die Salami; für mich ist Verona indessen nur San Zeno, das langobardische Brüderchen des normannischen Monreale, ein ärmeres und älteres, einfältiges Brüderchen, das keinen Goldkopf aus Mosaiken noch einen blendenden *chiostro* bekommen hat, auch keine wunderbare Fülle goldener und ausgelegter Ornamente, sondern nur ein einfaches und versonnenes Kreuzgänglein, einen ernsten, generösen Innenraum und vor allem Türen: riesengrosse Türen, die mit Mosaikbildchen besetzt und am Portal mit Steinbildchen eingefasst sind. Die sollen ein gewisser Nicholaus und ein gewisser Wiligelmus geschaffen haben, und die Mosaikbildchen sind angeblich deutschen Ursprungs; schön sind sie aber, oder eher ergreifend. Ihr lächelt sie an und seid gerührt von der Anstrengung einer naiven Hand, zu sprechen, die Bibel zu erzählen, ungeheure Schwierigkeiten zu überwinden, zum Beispiel wohin man um Christi willen Christus stellt, wenn er den zwölf *en face* sitzenden Aposteln die Füsse waschen soll; es geht einfach nicht anders, als Christus den Rücken herausstrecken zu lassen. Auf jedem Bildchen spürt ihr diese intensive Gedankenarbeit, wie man es machen, wie man es sagen soll, wie alles anordnen und zusammenbringen; bei Tintoretto, bei Tizian, bei keinem der glänzendsten Meister spürt ihr jemals *soviel* geistige Arbeit, *soviel* gedankliches Bemühen wie bei diesen wirklich naiven Reliefs. Aber es hilft nichts: Wo etwas mit Geist begonnen wurde, dort findet man ihn auch; und die Türen von San Zeno sind die schönste Bibel, die ich je in meinem Leben las.

Und überall, wo ein wenig Platz ist, an Säulenfüssen und Kapitellen, zwischen den Bogen, wo es sich eben ergibt, meisselt und schlägt der romanische Künstler lauter Tierchen heraus: Hunde, Bären und Hirsche, Hasen und Frösche, Pferde und Schafe und Vögel. Das sind ganz andere Tiere als die auf den antiken Reliefs; dort pflegt es der Kalydonische Eber oder der Delphin der Venus oder überhaupt etwas aus der Mythologie zu sein, oder auch naturalistische Porträts von Tieren; das hier aber ist lauter Natur, ist Zuneigung zu den Tieren in Wald und Feld, wie sie aus der Hand des Herrn kamen; das Verhältnis des Menschen zum Tier ist hier intimer, herzlicher und ... sagen wir menschlicher als in der ganzen Antike. Der Mensch hat selber etwas mit den Tieren zu tun, im guten wie im bösen; der aus dem Paradies vertriebene Adam muss ackern, aber (gerade bei San Zeno) er tötet und selcht auch Ferkel, genauso wie er Wein keltert, mäht und Äpfel pflückt, auf dem Pferd reitet und nach Wild jagt; warum können also nicht auch Bär und Hirsch an der Fassade des heiligen Zeno den Herrn preisen? Ja, hier herrscht ein anderes, ein frischeres Verhältnis zur Welt; glaubt mir, niemals begreifen wir den Untergang der herrlichen Antike, wenn wir nicht genügend Tugend in der Schlichtheit der Zeit entdecken, die die Antike überwunden hat.

Die Kirchen

Wenn ich für jede Kirche, in die ich gekrochen bin, nur einen ganz kleinen Ablass erhielte, könnte ich bis an mein Lebensende weiter sündigen wie bisher, und doch käme ich in den Himmel. Und es waren darunter riesige Kirchen, so gross wie Bahnhof, Postamt und Rathaus zusammen, etwa die des heiligen Petrus, wo man vom Raum erdrückt wird, oder der Dom in Mailand und der in Florenz, wo ich sogar in der Nacht hineingekrochen bin; es roch dort nach Weihrauch, und nur ein paar Kerzen zitterten in der dichten Finsternis; noch eigentümlicher aber war es nachts in Padua, in dieser grossen Ziegelkirche, wo sich eine metaphysische Angst und ein Kirchendiener meiner bemächtigten; in Arezzo hatte man mich am Ende in einer furchtbar hohen und düsteren Kirche eingesperrt, bis mich ein Engel in Gestalt eines Maurers hinausleitete; nichtsdestoweniger sah ich dort hübsche Reliefs, ich weiss aber nicht, von wem sie sind, und auch der Engel wusste es nicht, jedenfalls stammen sie aus der Übergangszeit von der Gotik zur Frührenaissance. (Man hatte mich auch in den Katakomben von Sant'Agnese eingesperrt; aber weil ich mit dem päpstlichen Gesandten zusammen darin war, öffnete sich das Schloss wie durch ein Wunder.) Weiter grosse und schöne Kirchen wie die in Pisa, in Monreale und in Rimini, viele gute und heilige Kirchen, manche kahl und erhaben wie die Mitternacht über einer verschneiten Landschaft, und viele barocke

Kirchen, so voll Prunk, Brokat und Marmor, dass es einem schon unwohl wird, wie diese jesuitischen in Venedig und Neapel; dann kleine, noch kleinere und ganz kleine Kirchen, berühmte Kapellen, wie die goldene Cappella Palatina in Palermo und die Medici-Kapelle in Florenz, wo Michelangelos heidnische, übermenschliche Grabmäler sind, und Giottos gesegnete Kapelle in Padua und die Sixtinische Kapelle, wo Michelangelo die Erschaffung der Welt gemalt hat: Aber dieser leidenschaftliche und tragische Geist brachte es nicht fertig, zu zeigen, wie Gott am siebenten Tag ruht. Eigentümliche kleine Kapellen, wie die christliche Moschee Martorana in Palermo, Santo Stefano Rotondo in Rom und die Kapelle der Orthodoxen in Ravenna, und dann ganz gewöhnliche Zinshäuschen Gottes, weiss und kühl wie reines Leinen; aber in ihnen wird dir, ungläubiger Mensch, manchmal leichter.

Die menschliche Seite der Kirchen, das ist wieder ein anderes Kapitel. Ich hörte vielen Predigten zu, ohne ein Wort zu verstehen; am meisten gefiel mir jener bärtige Kapuziner, der in Florenz redete, dass es nur so knallte; soweit ich weiss, schimpfte er heftig auf die Gegner der Kirche. Die Leute beichten hier bis in die Nacht hinein, und manchmal versammeln sich die Domherren, sie sitzen im Chor, und schnell und leidenschaftlich wie Derwische, oder als ob sie furchtbar miteinander stritten, raffeln sie irgendwelche Responsorien. Vielen Wanderern erscheint die Kirche in Italien irgendwie mittelalterlich; mir kam sie eher muselmanisch vor. Es gibt hier so viele Orden und Kutten, dass sich nicht einmal Alfred Fuchs darin auskennen würde; die braunen, bärtigen Fratres, die in Opanken herumlaufen, sind die Hübschesten; ich weiss nur nicht, ob sie unter der Kutte Hosen tragen.

Der wahre Eigentümer der Kirche ist jedoch der Herr *custode* oder Kirchendiener. Gibt es in der Kirche gute Bilder, so verdeckt er sie mit einem Tuch; sind Fresken dort, verhängt er zumindest die Fenster, damit er, wenn ihr sie um jeden Preis sehen wollt, an einer Schnur ziehen und die Hand ausstrecken kann. Manche Kirchendiener begleiten das mit fachlichen Erklärungen, was nicht allzusehr stört, sofern ihr nicht Italienisch könnt. Andere wieder haben ihre eigenen Anschauungen über die Sehenswürdigkeiten ihrer Kirche; zum Beispiel beginnt in Pisa, wo ihr euch im Baptisterium Nicolas Kanzel anschaut, der Herr *custode* hinter eurem Rücken höchst seltsam zu heulen und mit dem Mund Fanfarenstösse zu schmettern, um euch das Echo vorzuführen; oder in Neapel beim heiligen Martin, wo ihr Ribera sucht, kriecht der Kirchendiener auf eine Säule und klopft mit dem Schlüssel an die bronzenen Voluten des Kapitells, denn angeblich ist jede auf einen anderen Ton gestimmt, und er will es euch beweisen. Auch die Kirchenkatzen sind grösser und weniger empfindsam als andere Katzen; es gelang mir nicht, eine von ihnen zu streicheln.

Alles in allem sind der altchristliche und der romanische die weltlichsten Stile; die Gotik in Italien hatte es zu sehr auf eine breite und helle Geräumigkeit abgesehen, dadurch erscheint sie gewissermassen nüchtern und ungesättigt; das versucht sie dann mit einer so dekorativen

Fassade zu maskieren, dass sich einem der Kopf dreht. Die Frührenaissance bringt wieder Reinheit, Strenge und kluge Beschränkung; und da ich schon einmal Alberti gepriesen habe, muss ich auch noch sagen, dass er in Mantua eine keusche, erhabene Kirche hinterlassen hat. Ebenso war Bramante ein strenger und ehrenhafter Mann.

Alles übrige ist dann Barock.

Bozen

Früher nannte man es »das treue Tirol«; heute ist es eine Provinz Venetiens, und in fünfzig Jahren wird es vielleicht ein vollständig italienisches Land sein; es verblüfft einen geradezu, wie hier das Italienische Wurzeln schlägt. Die Kinder brabbeln einen Satz deutsch und den andern italienisch; ein Bäuerlein im Zug rühmt sich schnell, dass ihm das Welsche nicht mehr in seinem gesegneten Kropf steckenbleibe; die Dienstmädchen sind ganz hingerissen von den lockigen Burschen in der italienischen Garnison. Ansonsten üben die neuen Herren dieses Landes auch Rücksicht; sie lassen den hiesigen Deutschen ihre patriotischen Denkmäler und die Namen der Gassen und ich weiss nicht, was noch. Ausser Garnisonen schicken sie zur Eroberung Schulexpeditionen her; mich schimpfte so ein zehnjähriger Faschist aus dem Nichts heraus einen Schubiack; ich weiss nicht, was das ist, aber er gebärdete sich dabei sehr heldisch und national.

Und doch ist es ein durch und durch deutsches Land, in besonders gutem Sinn sogar: sauber und freundlich, gefällig und gepflegt; die Berge sind hier mit frischem Schnee bestreut und mit lauter Seilbahnen und adretten Wirtshäusern versehen; unten wächst ein leichter Wein, auf jedem Hügel steht irgendeine Burg, und die Leute sind ernst und gediegen, bedächtig und zuvorkommend, die Frauen haben fürchterlich grosse Zähne, aber mit der Zeit sind sie ungewöhnlich hübsch und irgendwie milchweiss; und glaubt mir, es ist ein besonderes Vergnügen, nach der italienischen Wallfahrt wieder in blassblaue, brunnenklare Augen zu schauen. Auf den Bergen züchten sie insbesondere herrliche Ausblicke, die mit Fernrohren ausgestattet sind; du fährst mit den Augen über Schneefelder, mit einem angenehmen Schwindelgefühl durchmisst du einen schrecklichen Abgrund, und unten begegnest du manchmal sogar richtigen Touristen, die gerade einen dieser grossen Berge bezwungen haben; ihre Knie sind riesig, sie tragen Siebenkilostiefel und sprechen auffallend laut, und an ihrer Mütze steckt ein Alpenblümchen; die Touristinnen sind meist fleckig, hässlich und viel zu breitschultrig.

Und da ich schon von den Bergen rede, das Schönste an ihnen ist dies: der Geruch von Holz, das fliessende Wasser und die Wiesen. Denn, Wanderer, das ist es ja gerade, was dir dort unten gefehlt hat, ohne dass du dir dessen bewusst geworden wärest. Jetzt erst erinnerst du dich, dass du während deiner ganzen Wanderschaft kaum einen Holzfussboden betreten hast, sondern nur tote und kühle Fliesen, dass du von Blech- oder Marmortischen gegessen, in Messing geschlafen und Steinstaub eingeatmet hast. Denn die gesamte Antike ist steinern und metallen und hat gar nichts Hölzernes an sich; ihr ganzer Witz liegt im Stein; ich aber komme aus einem Holzland und liebe es, Holz anzufassen und anzuschauen, denn es ist ein fast lebendiges Material, naiv und volkstümlich, gotisch, nüchtern, unantik und zum Hausbau geeignet. Das fliessende Wasser, das ist wiederum die ganze Poesie des Nordens; das heisst das Motiv des Wassermanns und der Rusalka gegenüber dem Satyrmotiv. Flüsse, die nicht austrocknen, ewige Bächlein, Rinnsale und Quellen und ihr, ganz dünne Wasserfädchen – bist du, klares, liebliches, lebendiges Wasser, denn nicht dem Meer ebenbürtig? Denn schrecklich ist der Anblick eines ausgetrockneten Flussbetts und wasserloser Felsen. »Gepriesen sei das Wasser, das heilige Geschöpf«, steht in San Marino an der Wasserleitung geschrieben; *pia creatura,* das fliessende Wässerchen. Und Wiesen, richtige Wiesen, die gibt es dort unten auch nicht; sie haben dort Reben und Tamarinden, Oliven, Palmen und Orangen, aber Wiesen, die dichten, grünen und seidigen Wiesen meiner Kindheit, ach wo! Höchstens solche zähen, hartwurzeligen Grasbüschel, die von den Ziegen abgefressen sind. Weder Spatzen haben sie dort noch Amseln oder Bachstelzen, weder Haubenlerchen noch Stieglitze und nicht einmal Grillen; es fehlt dir dort etwas, immer fehlt dir dort etwas.

Aber weil ich nun schon auf dieser Seite Tirols bin, muss ich mir Gossensass anschauen, Ibsens Tusculum. Sieben Jahre lang soll der alte Ibsen hier einer jungen Deutschen den Hof gemacht haben. Die Jahre sind in die Gedenkplatte des Hotels eingeschrieben, und auch heute noch wohnt in dem Hotel ein Mädchen, ein Alpenröschen, so hübsch, dass sich schon allein deshalb der Weg hierher lohnt. Rundherum sind Wälder voll duftenden Holzes, abgemähte Wiesen und rauschende Wasser; und Ibsens Geist dreht sich von neuem um die blauäugige Hilde. Das ist bereits so nördlich, so vollkommen nördlich, und doch noch die letzte Grenze des neuen Italiens.

Paralipomena

Als ich eben selbst meine italienischen Briefe durchlas, überkam mich eine ungeheure Trauer und Scham; ich merkte, dass ich fast gar nichts gesagt und überdies vergessen hatte, über die Mehrzahl der interessanten und bedeutenden Dinge zu sprechen. Ich, der elende Sünder, habe zum Beispiel nicht einmal Leonardos *Abendmahl* in Mailand erwähnt; aber gleich daneben ist ein Kreuzgang und dahinter ein Kapitelsaal oder etwas Ähnliches, und dort hat irgendein Frater die Stühle der Domherren mit biblischen Landschaften bemalt; sie sind angeblich unkünstlerisch, aber wahrscheinlich gerade deshalb sehr schön; es gibt vollendete Japonerien darunter, ganz bizarre und zarte. Was da Vinci betrifft, so schaut euch die Ambrosiana an; er ist ein beunruhigend vollkommener Geist; aber bei seiner Schule, so bei einem gewissen Salaj, hat mich ich weiss nicht was Feucht-Liebliches und Verworfen-Süsses im Ausdruck aufgeschreckt. Das sind Mienenspiele, die ihr nicht vergesst; bei Botticelli ist es stets ein verdutzter und beklommener Ausdruck des Schnupfens, denn seine engelhaften Wesen leben in paradiesischer Kühle; bei Andrea del Sarto ein weicher und tiefer Schatten um die Brauen, unter denen die Augen feurig und verhüllt begehrlich herausschauen; bei den umbrischen Malern eine schmachtende und lockige Weichheit, ein fertiger himmlischer *salon de beauté,* in den dann Raffael das dickflüssigere römische Blut hineingegossen hat.

Also Raffael, jawohl: Er ist ein Malerfürst, ein göttliches Glückskind, ein Liebling der Musen, alles, was ihr wollt; ihr müsst in Rom die Farnesina und die Stanzen sehen, damit ihr staunt, wie es ihm von der Hand geht. Aber er ist eben ein Fürst; ihr könnt ihm nicht näherkommen, er gefällt euch, wie er in seinem Glanz herrscht, Tuchfühlung bekommt ihr erst mit Michelangelo, der nicht ein bisschen göttlich ist, sondern übermenschlich; so übermenschlich, dass er schon fast düster und schrecklich wird, und niemals segnet er euch. Es segnet euch Giotto, der heilige Maler, und Fra Angelico macht euch ein Kreuzchen auf die Stirn; diese beiden sind die frommsten unter den Meistern, wenn ich die älteren übergehe. Aber ebenso schön sind die Tugenden dieser Welt: die köstliche Intelligenz Mantegnas vor allem, und Signorelli, Signorelli! Mein Gott, mach, dass ich auch so genau und stark werde wie er. Schliesse ich jedoch die Augen, so sehe ich Masaccio und keinen andern; ich sage euch, dass ich bis jetzt keinem besonneneren und redlicheren Geist begegnet bin, als es dieser Grosse ist.

Ach, ich kann nicht mehr über alle die bescheidenen und bemerkenswerten, klaren und dunklen Meister sprechen, die ich angestaunt habe; in Florenz aber ist Hugo van der Goes, die Anmut des Nordens, und in Neapel gibt es zwei furchterregende, flammende Theotokopouloi, und dieser Ruhm fremder Länder soll nicht verschwiegen werden im glückseligen Garten der italienischen Musen.

Dreimal gelobt sei der Name Donatellos! Reizende Bitterkeit knabenhaft zarter Formen, du von Schmerz wie von einem alles erleuchtenden Blitz durchglühte Natur, geistige und unruhige Leidenschaft! Es gibt keinen Bildhauer mit eindringlicheren Bildern. Michelozzo, Maiano, Rossellino, Verrocchio, Mino da Fiesole und ihr übrigen, wo ist die feine und getreue Anmut geblieben, die in eurem Zeitalter blühte? Ihr Gecken des welschen Barocks, was habt ihr aus der strengen, klaren Disziplin eines Brunelleschi, Alberti und Bramante gemacht? Nie wird mir ganz klar sein, warum die Kunst in Italien in Barock, Virtuosität, Eklektizismus und Niedergang ausartete, in Carracci, Guido Reni, Bernini, in Barockisten, Stukkateure, Friseure und Naturalisten, in kirchliche und weltliche Greuel und zum Schluss in Kitsch, Unfähigkeit und Langeweile. Ich weiss wirklich nicht, was man alles darüber erzählt; ich schlenderte genauso laienhaft durch die Galerien wie durch die Gassen, und ich fand das Schöne, als ob mir ein Abenteuer begegnet wäre. Und wenn ich jetzt, nachträglich und schon mit traurigen Lükken, in Gedanken vergleiche, was mir am meisten gefiel und was mir nicht gefiel, scheint es mir, dass mich doch etwas dabei geleitet hat, etwas, was das alte Christentum mit Giotto, die archaische Antike mit der romanischen Plastik, die Etrusker mit der christlichen Primitivität und die Frührenaissance mit den Passionen meiner sündigen Seele verbindet. Das ist … das ist … etwas schlechthin Volkstümliches, Hausbackenes und primitiv Frisches; und zum zweiten eine ernste Intensität des Geistes, der konzentriert eine wesenhafte und gesetzmässige Form für neue Ideen sucht. Sei naiv oder sei streng; wie vor Lastern, Schlangen und Gift hüte dich vor der Routine, vor dem Glanz und vor der wollüstigen Unzucht einer gar zu gekonnten Kunst. Sei einfach oder sei besessen von der Vollkommenheit der Formen; es gibt aber noch einen dritten Weg, vielleicht den ersten von allen, und der ist, eine Persönlichkeit zu sein, die mit jedem Teilchen ihres Werks ein sehr intimes und einmaliges Zeugnis von sich gibt. Das ist alles. Allah ist gross. Gross ist die Kunst.

Die italienische Kunst gibt mit dem Besten, was sie hat, zwei Beispiele: immer beginnen; und viel lernen. Beim Anfang beginnen, suchen, experimentieren, erfinden und erneuern, probieren und entwickeln, die Möglichkeiten erwägen und es wagen; und umgekehrt wieder gewaltig an andern und an sich selbst lernen, die lasterhafte Persönlichkeit, die Schlamperei der Originalität sowie den unverschämten Anspruch, man selbst zu sein, unterdrücken, dies sind die künstlerischen Tugenden dieses wunderbaren Aufblühens.

Und damit beschliesse ich bereits meine italienische Wallfahrt. Unbekümmert fuhr ich hin; deshalb bin ich zufrieden mit dem wenigen, was ich mitgebracht habe. Vielleicht blamiere ich mich mit manchen Behauptungen; oft habe ich nicht gewusst, wie ich mich ausdrükken sollte, und oft habe ich eine Menge vergessen. Ich schrieb in der Nacht, ohne Rücksicht auf Müdigkeit und Flöhe, und nie unterliess ich es, durch das Fenster nachzusehen, wo Norden ist. Denn bei uns, Leute, bei uns ist es auch schön: die Ebenen und die Hügel, die Wälder, das Wasser und alles mögliche sonst; und es wird wohl auch dort dereinst eine unermessliche Fülle von Bildern, Statuen und grossen Wundern geben, denn die Kunst ist gross, amen.

S. 7 *Afrikanisches Meer:* frühere Bezeichnung für den zentralen Abschnitt des Mittelmeers zwischen Sizilien, Tunesien und Malta. Heute Sizilisches Meer.

S. 7 *Tintoretto:* Jacopo Robusti (1518–1594). Italienischer Maler.

S. 8 *Bonanno:* Bonanno Pisano. Italienischer Architekt und Bildhauer des späten 12. Jahrhunderts.

S. 8 *Barisano:* Barisano da Trani. Italienischer Bildhauer des 12. Jahrhunderts.

S. 10 *Tschechoslowakei:* einer der Nachfolgestaaten Österreich-Ungarns, proklamiert am 28. Oktober 1918, also weniger als fünf Jahre vor Čapeks Reise.

S. 11 O Venezia: *O Venezia che sei la più bella,* Lied unbekannter Urheberschaft aus dem 19. Jahrhundert.

S. 12 *Gebrüder Čapek:* Karel Čapeks Bruder Josef (1887–1945) war u. a. Maler und Schriftsteller. Beide arbeiteten oft zusammen.

S. 12 *Carpaccio:* Vittore Carpaccio (um 1465 bis 1525/26). Italienischer Maler.

S. 13 Eine Nacht in Venedig: Operette (1883) von Johann Strauss.

S. 13 *Herr Schütz:* Theodor Schütz (1878–1961). Tschechischer Opernsänger.

S. 16 *Giotto:* Giotto di Bondone (1267–1337). Italienischer Maler und Architekt.

S. 16 *Mantegna:* Andrea Mantegna (1431–1506). Italienischer Maler und Kupferstecher.

S. 16 *Donatello:* Donato di Niccolò di Betto Bardi (1386–1466). Italienischer Bildhauer.

S. 16 *Santa Maria dell'Arena:* Gemeint ist die Cappella degli Scrovegni, die Anfang des 14. Jahrhunderts an der Stelle eines verfallenen Amphitheaters (Arena) errichtet wurde.

S. 17 *Santo:* Basilica di Sant'Antonio, die auch unter dem Namen Il Santo bekannt ist.

S. 17 *Kapelle der Eremitani:* Chiesa degli Eremitani.

S. 20 *Dante:* Dante Alighieri (1265–1321). Italienischer Dichter.

S. 20 *Santi Nazario e Celso:* eine kleine Kapelle, die an das Presbyterium von San Vitale angebaut ist.

S. 20 *Rotunde der Galla Placidia:* Mausoleo di Galla Placidia.

S. 21 fuori: ausserhalb (von Ravenna), d. h. in Classe, etwa fünf Kilometer südlich des Stadtzentrums.

S. 21 *die letzte unter den italienischen Städten:* Anspielung auf Mt 2,6: »Du, Bethlehem, bist keineswegs die unbedeutendste unter den führenden Städten von Juda.«

S. 21 *Leon Battista Alberti:* italienischer Humanist und Architekt (1404–1472).

S. 21 *Sansovino:* Jacopo Tatti (1486–1570). Italienischer Architekt und Bildhauer.

S. 22 *Signor Gozi:* Giuliano Gozi (1894–1955). Führer der Faschistischen Partei San Marinos. 1918 bis 1943 Aussenminister sowie zwischen 1923 und 1942 fünfmal für je sechs Monate einer der beiden Capitani Reggenti (Staatsoberhäupter) seines Landes.

S. 25 *zwei schiefe Türme:* Torre della Garisenda und Torre degli Asinelli.

S. 25 *Masaccio:* Tommaso di ser Giovanni di Mone di Andreuccio (1401–1428). Italienischer Maler.

S. 25 *Brüderchen Angelicus:* Fra Angelico (um 1395 bis 1455). Italienischer Maler.

S. 26 *Canova:* Antonio Canova (1757–1822). Italienischer Bildhauer.

S. 26 Crowe und Cavalcaselle: Joseph Archer Crowe (1825–1896), englischer Kunsthistoriker, und Giovanni Battista Cavalcaselle (1819–1897), italienischer Kunstkritiker. Beide verfassten zusammen mehrere kunsthistorische Bände.

S. 26 *Fra Bartolomeo:* italienischer Maler (1472–1517).

S. 26 *Botticelli:* Sandro Botticelli (1445–1510). Italienischer Maler.

S. 28 *Palazzo Strozzi:* Renaissancepalast in Florenz.

S. 28 *Duccio di Buoninsegna:* italienischer Maler (um 1255–1318/19).

S. 28 *Aeneas Silvius Piccolomini:* italienischer Humanist (1405–1464) und 1458–1464 Papst Pius II.

S. 28f. *Georg von Podiebrad:* Jiří z Poděbrad (1420 bis 1471). 1458–1471 König von Böhmen.

S. 29 *Pinturicchio:* Bernardino di Betto Betti (um 1452 bis 1513). Italienischer Maler.

S. 29 *Fonte Gaia:* Brunnen auf der Piazza del Campo in Siena.

S. 29 *Lorenzettis* Frieden: Ambrogio Lorenzetti (um 1290–1348). Italienischer Maler. 1338/39 schuf er einen Freskenzyklus in der Sala dei Nove des Palazzo Pubblico in Siena: Allegorien der guten und der schlechten Regierung. Im 15./16. Jahrhundert wurden die Wandbilder als Darstellungen des Friedens und des Krieges gedeutet.

S. 30 *Luca Signorelli:* italienischer Maler (1441/45 bis 1523).

S. 30 Inferno: erster Teil der *Göttlichen Komödie* von Dante Alighieri.

S. 32 *Machar:* Josef Svatopluk Machar (1864–1942). Tschechischer Autor. 1907 erschien sein Essay *Řím* (deutsch: *Rom.* Aus dem Tschechischen von Emil Saudek. Prag: Grosman & Svoboda 1908).

S. 33 *Nikolandergasse:* Mikulášská třída, Strasse in Prag.

S. 33 *Paul V.:* Camillo Borghese (1552–1621). 1605 bis 1621 Papst.

S. 34 *Kyrill:* Missionar im slawischen Raum (um 826/27–869), zusammen mit seinem Bruder Method.

S. 37 *Astor:* deutschstämmige, zeitweise reichste Familie in den USA.

S. 38 *Solfatara:* Trockenmaar in Pozzuoli, etwa zehn Kilometer westlich des Stadtzentrums von Neapel.

S. 42 *Zöllner Rousseau:* Henri Rousseau (1844–1910). Französischer Maler.

S. 42 *Munch:* Edvard Munch (1863–1944). Norwegischer Maler.

S. 43 *Conca d'Oro:* deutsch: Goldenes Becken, von Čapek irrtümlich als *Zlaté Mušle* (Goldene Muschel) übersetzt. Hinterland von Palermo.

S. 44 *Monreale:* Cattedrale di Santa Maria Nuova, auch Duomo di Monreale, etwa sieben Kilometer südwestlich des Stadtzentrums von Palermo.

S. 45 *Michelangelo:* Michelangelo Buonarroti (1475 bis 1564). Italienischer Maler, Bildhauer, Architekt und Dichter.

S. 47 *Girgenti:* bis 1927 Name der Stadt Agrigento (deutsch: Agrigent).

S. 48 *Castrogiovanni:* bis 1927 Name der Stadt Enna, von den Römern auch *urbs inexpugnabilis,* uneinnehmbare Stadt, genannt.

S. 49 *Dionysios:* Dionysios I. (um 432–367 v. Chr.). 405–367 v. Chr. Tyrann von Syrakus.

S. 49 Laurus nobilis: Echter Lorbeer.

S. 51 *Nový Bydžov:* Kleinstadt in Böhmen, etwa fünfzig Kilometer südwestlich von Úpice, wo Karel Čapek aufwuchs.

S. 53 *Posillipo, Bagnoli:* Stadtteile von Neapel.

S. 54 *Arenella:* Stadtteil von Neapel.

S. 57 *Calixtus:* Calixtus I. (gest. um 222). Um 217–um 222 Bischof von Rom.

S. 58 *Morlocks:* fiktive Spezies, die der englische Schriftsteller H.G. Wells (1866–1946) für seinen Roman *The Time Machine* (1895; deutsch: *Die Zeitmaschine*) schuf.

S. 60 *Praxiteles:* griechischer Bildhauer (um 390–um 320 v. Chr.).

S. 60 *Cimabue:* Cenni di Pepo (um 1240–1302). Italienischer Maler.

S. 60 *Langhans:* Carl Gotthard Langhans (1732–1808). Preussischer Architekt.

S. 63 heavyweight: Gewichtsklasse in verschiedenen Sportarten, deutsch: Schwergewicht.

S. 65 *Kleinseite:* Malá Strana, Stadtteil von Prag.

S. 67 *heiliger Franziskus:* Franz von Assisi (1181–1226). Italienischer Mystiker, Dichter und Mönch, der den Orden der Franziskaner begründete.

S. 69 *Oratorium des Duccio:* Oratorio di San Bernardino. Dessen Fassadenarchitektur gestaltete der italienische Bildhauer Agostino di Duccio (1418 bis um 1481).

S. 69 *Perugino:* Pietro di Cristoforo Vannucci (um 1446 bis 1523). Italienischer Maler.

S. 69 *Piero della Francesca:* italienischer Maler (um 1415–1492). Für die Hauptchorkapelle der Basilica di San Francesco in Arezzo schuf er einen Freskenzyklus, den Čapek hier beschreibt.

S. 71 *Burckhardt:* Jacob Burckhardt (1818–1897). Schweizer Kulturhistoriker.

S. 72 *Della Robbia:* italienische Bildhauerfamilie des 15. und 16. Jahrhunderts.

S. 72 *Fra Lippi:* Filippo di Tommaso Lippi (um 1406 bis 1469). Italienischer Maler.

S. 72 *Ghirlandaio:* Domenico Ghirlandaio (1448 bis 1494). Italienischer Maler.

S. 72 *Piero di Cosimo:* italienischer Maler (1462 bis 1522).

S. 73 *eine fünfschiffige Kirche:* der Dom Santa Maria Assunta.

S. 73 *Giovanni Pisano:* italienischer Bildhauer und Architekt (um 1250–um 1315).

S. 73 *Nicola Pisano:* italienischer Bildhauer (um 1220 bis um 1284; Vater von Giovanni).

S. 73 *heiliger Stephan:* Chiesa di Santo Stefano dei Cavalieri.

S. 73 *Camposanto:* Camposanto monumentale. Am 27. Juli 1944 verursachte ein Bombensplitter aus einem alliierten Luftangriff ein Feuer, das drei Tage lang brannte und das Bleidach zum Einsturz brachte. Dadurch wurde das gesamte Innere des Friedhofs schwer beschädigt, die meisten Skulpturen und Sarkophage wurden zerstört und alle Fresken in Mitleidenschaft gezogen.

S. 75 *Castellaccio:* Forte Castellaccio.

S. 77 *Luini:* Bernardino Luini (um 1481–1532). Italienischer Maler.

S. 77 *bramantesk:* nach Donato Bramante (1444 bis 1514). Italienischer Architekt und Maler.

S. 78 *Lazzaronismus:* nach den *lazzaroni,* jungen, mittellosen Männern im Neapel des 17. bis 19. Jahrhunderts. Im Italienischen steht *lazzarone* für eine faule und träge Person.

S. 79 *Galateia:* Nymphe der griechischen Mythologie.

S. 82 *Camera degli Sposi:* Raum im nordöstlichen Turm des Castello di San Giorgio.

S. 83 *Paolo Veronese:* italienischer Maler (1528–1588).

S. 83 *Morone:* Domenico (um 1442–1518) und Francesco Morone (1471–1529; Sohn von Domenico). Italienische Maler.

S. 83 *Scaliger:* Dynastie, die 1262–1387 über Verona herrschte.

S. 83 *Nicholaus:* italienischer Bildhauer des 12. Jahrhunderts.

S. 83 *Wiligelmus:* italienischer Bildhauer des 12. Jahrhunderts.

S. 84 *Tizian:* Tiziano Vecellio (1488/90–1576). Italienischer Maler.

S. 87 *Medici-Kapelle:* Sagrestia Nuova (Neue Sakristei).

S. 87 *Kapelle der Orthodoxen:* Battistero Neoniano.

S. 87 *Alfred Fuchs:* tschechischer Schriftsteller, Journalist und Übersetzer (1892–1941).

S. 88 *heiliger Martin:* Certosa di San Martino.

S. 88 *Ribera:* Jusepe de Ribera (1591–1652). Spanischer Maler.

S. 89 *eine keusche, erhabene Kirche:* sogar zwei, nämlich San Sebastiano und Sant'Andrea.

S. 92 *Wassermann, Rusalka:* Anspielung auf die Ballade *Vodník* (deutsch: *Der Wassermann*) aus der Sammlung *Kytice (Der Blumenstrauss)* des tschechischen

Schriftstellers Karel Jaromír Erben (1811–1870) und die Oper *Rusalka* von Antonín Dvořák (1841 bis 1904).

S. 92 *Ibsen:* Henrik Ibsen (1828–1906). Norwegischer Dramatiker.

S. 93 *Hilde:* Figur aus Ibsens Theaterstück *Baumeister Solness* (1892).

S. 94 *Leonardo:* Leonardo da Vinci (1452–1519). Italienischer Universalgelehrter.

S. 94 *Ambrosiana:* Pinacoteca Ambrosiana in Mailand.

S. 94 *Salaj:* Gian Giacomo Caprotti (1480–1524). Italienischer Maler.

S. 94 *Andrea del Sarto:* italienischer Maler (1486 bis 1530).

S. 95 *Hugo van der Goes:* flämischer Maler (um 1440 bis 1482).

S. 95 *Theotokopoulos:* El Greco, eigtl. Dominikos Theotokopoulos (1541–1614). Griechischer Maler, Bildhauer und Architekt.

S. 96 *Michelozzo:* Michele di Bartolomeo Michelozzi (1396–1472). Italienischer Architekt und Bildhauer.

S. 96 *Maiano:* Giuliano (1432–1490) und Benedetto da Maiano (1442–1497; Bruder von Giuliano). Italienische Architekten und Bildhauer.

S. 96 *Rossellino:* Bernardo Rossellino (1409–1464). Italienischer Architekt und Bildhauer.

S. 96 *Verrocchio:* Andrea del Verrocchio (1435–1488). Italienischer Bildhauer und Maler.

S. 96 *Mino da Fiesole:* Mino di Giovanni di Mino da Poppi (1429–1484). Italienischer Bildhauer.

S. 96 *Brunelleschi:* Filippo Brunelleschi (1377–1446). Italienischer Bildhauer, Architekt und Ingenieur.

S. 96 *Carracci:* italienische Künstlerfamilie des 16. und 17. Jahrhunderts.

S. 96 *Guido Reni:* italienischer Maler und Graveur (1575–1642).

S. 96 *Bernini:* Gian Lorenzo Bernini (1598–1680). Italienischer Bildhauer.

Ein Teil der Anmerkungen stützt sich auf die sehr umfangreichen »Notes du traducteur« der französischen Übersetzung: *Lettres d'Italie.* Traduction de Laurent Vallance. Genève: La Baconnière 2019.

Karel Čapek im Lenos Verlag

Seltsames England
Aus dem Tschechischen von Vincy Schwarz und Rolf Fieguth
Mit 76 Zeichnungen des Autors
176 Seiten, Paperback
LP 221
ISBN 978 3 85787 821 3

»Man lacht oft, wenn der tschechische Schriftsteller Karel Čapek die Eindrücke seiner Englandreise in kurzen Skizzen fixiert. Und seine scharfsichtigen Bemerkungen über den Isolationismus des Inselvolks treffen den Nerv des Brexit-Debakels – auch wenn sie vor fast 100 Jahren geschrieben wurden.«
Angela Schader, Neue Zürcher Zeitung